"十三五"规划教材
13th Five Year Plan University Textbook

播音与主持艺术专业"十三五"规划教材

21世纪播音与主持艺术专业训练教材

主持人思维训练教程[第2版]

翁如 编著

ZHUCHIREN SIWEI
XUNLIAN JIAOCHENG

[DI-ER BAN]

中国传媒大学出版社
·北京·

 **翁 如**，四川电影电视学院教授、教学督导，曾任该院播音主持系主任。历任四川省戏剧学校、四川音乐学院、四川舞蹈学校、成都大学教师。开设"主持人思维训练""主持人采编播训练""主持人表现力训练"等课程，出版《主持人思维训练教程》《主持人采编播训练教程》《主持人表现力训练教程》等教材。

▶ 图1 乔托·迪·邦多奈作品《哀悼基督》，1305—1306年作

▼ 图2 桑德罗·波提切利作品《维纳斯的诞生》，1480年作

▲ 图3 桑德罗·波提切利作品《春》，1477年作

▲ 图4 列奥纳多·达·芬奇作品《蒙娜丽莎》，1503—1505年作

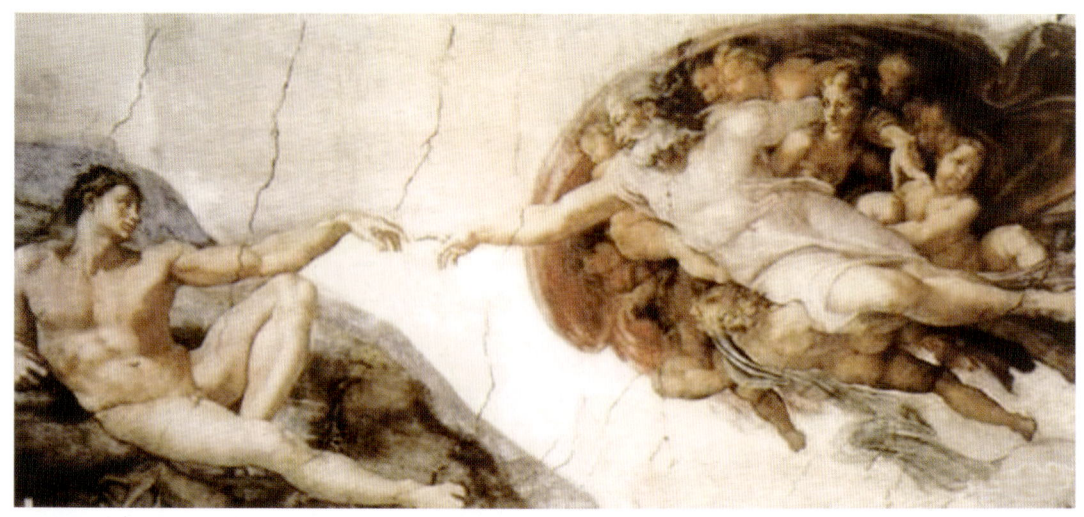

▲ 图5 米开朗基罗·布纳罗蒂作品《创造亚当》，1510年作

◀ 图6 拉斐尔·山提作品《西斯廷圣母》，1513—1514年作

▲ 图7 列奥纳多·达·芬奇作品《最后的晚餐》，1495—1498年作

◀ 图8 维萨里奥·提香作品《圣爱与俗爱，1514年作

▶ 图9 乔尔乔内作品《暴风雨》，1476—1510年作

▼ 图10 埃尔·格列柯作品《托列多风景》，1608年作

▲ 图11 阿尔布雷希特·丢勒作品《自画像》（正面），1500年作

◀ 图12 彼得·勃吕盖尔作品《农民的婚礼》，1565年作

▲ 图13　彼得·保罗·鲁本斯作品《劫夺留西帕斯的女儿》，1615—1619年作

▲ 图15　迪埃哥·委拉斯开兹作品《卖水的老人》，1619年作

▲ 图14　迪埃哥·委拉斯开兹作品《纺织女》，1657年作

▶ 图16 伦勃朗·凡·瑞恩作品《杜普教授的解剖课》，1632年作

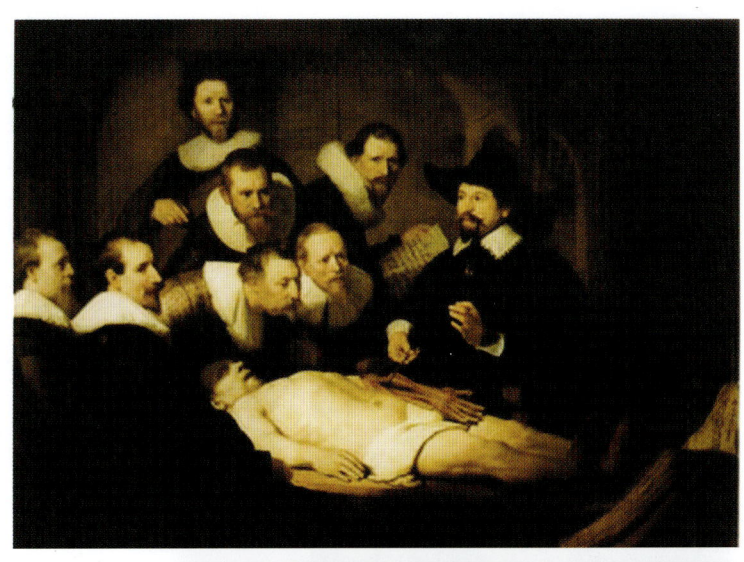

▶ 图17 伦勃朗·凡·瑞恩作品《夜巡》，1642年作

▲ 图18 约翰内斯·维米尔作品《倒牛奶的女仆》，1658年作

▲ 图19 弗朗索瓦·布歇作品《维纳斯的凯旋》，1740年作

▲ 图20　雅克·路易·达维特作品《荷拉斯兄弟誓言》，1784年作

◀ 图21　安格尔作品《泉》，1820—1856年作

◀ 图22　弗朗索瓦·米勒作品《晚钟》，1858—1859年作

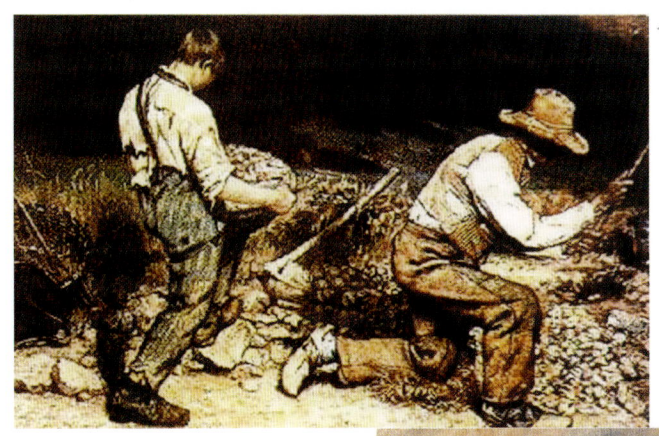

◀ 图23　古斯塔夫·库尔贝作品《石工》，1849年作

▶ 图24　克罗德·莫奈作品《日出·印象》，1872年作

◀ 图25　克罗德·莫奈作品《睡莲》，1908年作

▶ 图26　保罗·塞尚作品《圣维克多山》，1904年作

▲ 图27　文森特·梵高作品《星月夜》，1889年作

▲ 图28　文森特·梵高作品《向日葵》，1888年作

▲ 图29　文森特·梵高作品《乌鸦群飞过麦田》，1890年作

▲ 图30　保罗·高更作品《我们从哪里来？我们是谁？我们往哪里去？》，1897年作

▼ 图31　古斯塔夫·莫罗作品《俄狄浦斯与斯芬克斯》，1864年作

▼ 图32　奥迪龙·雷东作品《独眼巨人》，1895—1900年作

▲ 图33　蒙克作品《呐喊》，1893年作

▲ 图34　亨利·马蒂斯作品《红色的和谐》，1903年作

▼ 图35　亨利·马蒂斯作品《舞蹈》，1909—1910年作

▲ 图36 巴勃罗·毕加索作品《亚威农少女》，1907年作

▲ 图37 巴勃罗·毕加索作品《哭泣的女人》，1937年作

▲ 图38 巴勃罗·毕加索作品《格尔尼卡》，1937年作

▲ 图39　贾科莫·巴拉作品《散步·链子上的狗》，1912年作

▲ 图40　萨尔瓦多·达利作品《内战的预感》，1936年作

◀ 图41　安迪·沃霍尔作品《玛丽莲·梦露》，1964年作

第 2 版修订说明

本书出版以来，受到广大读者的关注和好评。使用该教材的老师和学生以及传媒界的读者给予一些使用反馈。有些读者认为，本书涉及不同门类的知识点较多，备课比较困难。对于这个问题，建议您参考与西方艺术史、西方美术史、世界地理、中国地理、世界历史、中国历史等相关的权威书籍。还有些读者认为，有些章节学生作业例稿较少，我们在第 2 版中增加了部分例稿，以满足广大读者的需求。

第 2 版修订中，我们着重对理论概要进行梳理，对思维、语言表达、形象思维、想象、逻辑思维、逆向思维、发散思维等名词做了更为严谨的解释。对学生作业例稿进行了精心的润色和细致的修改。

第 2 版部分学生作业例稿的收集和整理工作由刘婷、余乐、韩辉、肖玉婷、王硕、陈浪共同完成。

本书例稿是学生作业，水平参差不齐。有些作业虽然粗糙，但较有特色，可供参考，也被选在其中。从我们的教学实践来看，各班学生完成的同一题材的作业在表达上均有所不同。即使是同一个班的学生，也没有完全相同的作业。正是因为每个人思维角度不同，表达方法不同，才有了这些生动的作业。在教学实践中，涌现出很多通过即兴口语表达完成的优秀作业，我们无法一一记录，这里收集到的部分作业，只是抛砖引玉而已。学生作业例稿仅供参考，使用者不要对其死记硬背，相信自己通过思维的训练，一定能即兴组织出别具特色的口语表达作业。

前　言

21世纪我国进入信息化时代。在我国由工业化社会向信息化社会转型过程中，人们从对有形资源的关注和占有，转变为对无形资源的利用和开发。信息和知识拥有量越大，创新能力越强；相反，信息和知识拥有量越小，创新能力越弱。思维定式的桎梏，也影响着人们的创新能力。

为了适应社会的发展，满足时代的需求，激发学生的创新能力，我们开设了"主持人思维训练"课程，并用于播音与主持艺术专业的教学。这门课程从开设至今，得到四川电影电视学院(原四川师范大学电影电视学院)领导的高度重视和鼎力支持。教学团队在实践中大胆尝试和探索，总结出一套训练方法。经过多年教学实践的检验，证明它不仅对培养具有采、编、播能力的主持人是有效的，而且对其他专业人士的创新能力的开发也是有一定作用的。

知识是思维的基础，没有知识就没有思维的广度和深度，也不会有出色的语言表达。所以，在该课程中，让学生掌握绘画、历史、地理、社会等各学科的部分知识点，并用于思维训练和语言表达中，从而增加学生的知识储备，开拓学生的思维空间。

本教材由教学实践成果整理而来，理论体系尚需进一步探索。本教材错漏在所难免，请各位专家和读者不吝赐教，批评指正！欢迎心理学、逻辑学等相关学科的专家加入主持人思维训练的研究中，使这门课程拥有更加系统的理论体系和更加科学的训练方法。

目 录

第一单元　思维的概念　/ 1
第一部分　　理论概要　/ 1
第二部分　　教学内容及同步练习　/ 3
第三部分　　教学目的与要求　/ 3

第二单元　语言表达能力训练　/ 4
第一部分　　理论概要　/ 4
第二部分　　教学内容及同步练习　/ 4
第三部分　　教学目的与要求　/ 6
第四部分　　学生作业例稿　/ 6

第三单元　形象思维与语言表达　/ 9
第一部分　　理论概要　/ 9
第二部分　　教学内容及同步练习　/ 10
第三部分　　教学目的与要求　/ 10
第四部分　　学生作业例稿　/ 11

第四单元　想象与语言表达　/ 24
第一部分　　理论概要　/ 24
第二部分　　教学内容及同步练习　/ 25

第三部分　教学目的与要求　/ 26
第四部分　学生作业例稿　/ 26

第五单元　逻辑思维与语言表达　/ 69
第一部分　理论概要　/ 69
第二部分　教学内容及同步练习　/ 69
第三部分　教学目的与要求　/ 70
第四部分　学生作业例稿　/ 71

第六单元　逆向思维与语言表达　/ 84
第一部分　理论概要　/ 84
第二部分　教学内容及同步练习　/ 84
第三部分　教学目的与要求　/ 85
第四部分　学生作业例稿　/ 86

第七单元　发散思维与语言表达　/ 101
第一部分　理论概要　/ 101
第二部分　教学内容及同步练习　/ 102
第三部分　教学目的与要求　/ 103
第四部分　学生作业例稿　/ 103

第八单元　心理动作性与语言动作性　/ 142
第一部分　理论概要　/ 142
第二部分　教学内容及同步练习　/ 143
第三部分　教学目的与要求　/ 144
第四部分　学生作业例稿　/ 144

第九单元　语言组织与语言表达　/ 149
第一部分　理论概要　/ 149
第二部分　教学内容及同步练习　/ 151
第三部分　教学目的与要求　/ 151
第四部分　学生作业例稿　/ 152

第十单元　理性深化与语言表达　/ 155
第一部分　理论概要　/ 155
第二部分　教学内容及同步练习　/ 156
第三部分　教学目的与要求　/ 157
第四部分　学生作业例稿　/ 157

第十一单元　社会问题评述　/ 160
第一部分　理论概要　/ 160
第二部分　教学内容及同步练习　/ 161
第三部分　教学目的与要求　/ 161
第四部分　学生作业例稿　/ 162

主持人思维训练课感言　/ 166

第一单元　思维的概念

第一部分　理论概要

一、什么是思维

思维是人脑对客观现实概括性、规律性、间接性的反映。感觉、知觉只能反映事物的个别属性,思维则能反映一类事物的本质和事物间的联系。例如,通过感觉、知觉,能感知不同的笔;而通过思维,我们可以把所有笔的属性概括成"笔是书写的工具"。这就是思维的概括性。又如,现在是春季,但通过思维我们却能得出,"春夏秋冬四季轮回是大自然的规律"。这就是思维的规律性。再如,我们在大街上,看见消防车鸣响着在大街上飞驰,所有车辆给它让路。通过思维我们得知:有一个地方失火了。实际上我们并没有看到火灾现场,但思维给了我们间接的反映和准确的判断。这就是思维的间接性。由于思维具有概括性、规律性、间接性的特点,人们可以借助思维,从个别看到一般,从现象看到本质,从偶然看到必然,从现在推测过去,预见未来。

二、思维和语言的关系

思维和语言是紧密相连的,凡掌握了语言的人,都借助语言进行思维。例如,当我们早上要出门的时候,看到是阴天,于是我们就会想,是带伞还是不带伞呢?——也许不会下雨吧?可要是下雨了又怎么办呢?如此等等,都是借助语言进行思考判断。而词汇、语法的规则又是思维的结果,是思维逻辑化的表现。如,我们说"我要吃饭",而不能说成"饭要吃我"。同时,语言又是思维的物质外壳,是思维的直接体现。

三、思维和语言的不同特点

1. 思维的特点

(1)思维是观念,是客观事物在人脑里留下的概括形象。

(2)思维与客观事物有紧密和必然的联系。例如,当我们看到大山时,马上会想到"厚重、巍峨";当我们看到海时,会想到"浩瀚、博大"。所以思维与客观事物是反映与被反映的关系。

(3)思维的基本单位是概念。思维反映客观事物的本质特征,把客观事物的共性概括成概念。如,红花、红绸、红酒,它们的共性是"红","红"是喜庆、热烈的颜色。

(4)思维具有共通性。也就是说,无论哪个民族、哪个国家的人,都有共同的对主客观存在的思考、判断和推理。

(5)思维是人对现实的概括性、规律性、间接性的反映。

2. 语言的特点

(1)语言是物质。声音本身就是物质。

(2)语言与客观事物没有直接和必然的联系,只是标志与被标志的关系。例如,一个人从小就叫"张三",以后也叫"张三";如果当初叫"张五",以后也就叫"张五"了。所以语言只是人类赋予客观事物的符号。

(3)语言的基本单位是词。如,"我走","我"是名词,"走"是动词。每一句话都是由不同的词语组成的。

(4)语法结构的民族性。不同的民族有不同的语言和不同的语法结构。例如,汉语说"早上好!"而翻译成英语就是"Good morning!""好早上!"。

(5)语言是表达思想的工具,是思维的工具,是交流的工具,是人与人之间沟通的工具。

四、思维活跃的意义

人的思维活动,是人的认知过程的高级阶段,它是在感性认识的基础上形成概念,并运用概念进行判断和推理的过程。活跃的思维有利于提高人们对生活中事物的认识能力、思考判断能力、记忆能力,使人们的想象力更丰富,还有利于人们对无序的事物进行合乎逻辑顺序的排列组合,使原本混乱的事物有序化;并能提高人们的内部语言编码能力和外部语言表达能力。

　　观察力是认识生活的窗口,记忆力是知识的储存,思考力是对事物的辨别和判断,想象力是对直接经验和间接经验的重新分解组合,实践力是理念转化成物质的凭借,而思维的活跃,就是一切的中心和动力,是创造力的起点和终点。没有思维的活跃,就没有开拓和创新。

　　总之,思维的活跃,能让人们对事物迅速做出决断、评估、选择、结论,更具个性化地认识生活、改变生活、创造更美好的生活!

第二部分　　教学内容及同步练习

请举例说明思维的概括性、规律性、间接性。

第三部分　　教学目的与要求

(1)明确思维的概念,理解思维活跃的意义。

(2)为了加深学生对概念的理解,可让学生发表自己的看法并举例说明。

(3)让学生做各种奇思妙想,鼓励学生标新立异、敢破敢立、敢想敢说。即使是谬误,教师也应注意方式方法,善意引导,保护学生的自尊心、自信心,因为自信是一切创造的开始。

第二单元　语言表达能力训练

第一部分　理论概要

语言是思维的工具,良好的语言表达能力是主持人必备的素质。利用语言这一工具表达思想,进行传播和交流,我们称为语言表达。

在生活中,很多人能想会写,但不善于用语言表述,甚至有时连自己也不知道说了些什么,东拉西扯,中心不明确,思路不清晰,这样就不能很好地运用语言表达思想,进行传播和交流。

对主持人来说,语言表达极为重要,因为语言是主持人完成信息传播的重要手段。主持人的语言,不是书面语言,也不是台词语言,更不是完全生活化的语言,它是在生活语言基础上形成的动作性更强、更具有表现力和影响力的语言。因此,主持人进行语言表达能力的训练是非常必要的。

第二部分　教学内容及同步练习

一、单字练习

"啊""哦""噢""咦""谁""你""我""他"等。

训练方法:要求学生用一个字音的不同声调和语气来表达多种心理动作和不同情感。在训练中,要求学生的声调和语气与试图表达的内容完全吻合,做到表达到位、心声合一。训练开始时,允许学生借助手势帮助自己表达内容,逐渐要求把手势等一切表演手段去掉,仅用声音表达。还要求数量,尽量寻找挖掘生活中可以用单字表达的内容。然后,让学生站成一排,每人用同一个字表达不同的心理活动和情感,不能重复,反复多次训练,在训练语言表达的同时,也训练反应能力。

通过以上训练,让学生初步感觉到语言的色彩、内涵和表现力。在此基础上,要求学生每人做一定数量的单字练习,用一个字表达不同情境的喜、怒、哀、乐。

该练习完成时,有的学生可以用同一个字表达30余种不同内容,且十分准确。

二、二字练习

"不行""你走""我不""快跑"等。

训练方法:除了单字练习的所有要求外,还要求学生用重音的变化,表达与字面完全相反的意思和内容。

三、三字练习

"不是他""我想走""我恨你""你怕他"等。

训练方法:要求学生除用不同语调、不同重音外,还要利用不同停顿,表达比较复杂的情感。内容越丰富、情感越细腻越好。之后,字数可以逐渐增多。

四、整句练习

(1)请同学们站成一排,由第一位同学开始,即兴说一句话(如"读书真是一件让人享受的事"),然后第二位同学用同样的话表达不同的内容、不同的情感,依次进行,不能重复,反复进行。

(2)让第一位同学即兴说一句话,第二位同学听懂后,回一句话;第三位同学用第一位同学同样的话,改变语气、语调或重音等,表达不同的内容,第四位同学听懂后,回一句话;依次类推。如,第一位同学:"读书真是一件让人享受的事!"第二位同学回:"的确很享受!"第三位同学:"读书真是一件让人享受的事?"第四位同学回:"不知道是不是。"……

做这个练习时,如果第一位同学表达不准确,第二位同学就无法回话。如果第二位同学回答不准确,第一位同学应给予纠正。注意语言表达的准确性。

五、命题练习

进行简短的语言表达训练。如"亲人""拉犁""故乡""相逢""高山""小溪""希望"等。

训练方法:要求学生不写稿子,即兴组织语言,表达自己听到命题时的即兴反应,不能有重复或相同的表达。要帮助学生选择词汇，进行准确的表达。经过反复训练，每人完成三篇以上较完整的短篇口述。

第三部分　教学目的与要求

思维与客观事物是反映与被反映的关系。面对同一事物，我们常常会立即做出不同的反应。这些反应将在主持人的头脑中迅速解码，转换成语言向受众传播。本单元的学习，是为了锻炼学生的反应能力以及迅速进行语言表达的能力。学生的作业不一定精辟深刻，但应流畅清晰、短小精悍。在学生熟练掌握表达方法的前提下，可以适当增加更具形象性的表达内容。

第四部分　学生作业例稿

命题练习

1. 拉犁

有一幅画，从我记事时起，就出现在我面前：烈日下，父辈脸朝黄土背朝天，像辛勤的老黄牛一样拉着犁……暑假，我回到家中，这幅画仍出现在我面前，我心中有一种莫名的惆怅。真希望有一天，这幅画能真正成为一幅历史的画面，永远只是挂在墙上。

2. 相逢

我向前走着，远远的地平线上，突然出现了"他"。我们对视着越走越近，我的心急剧地跳动……我们擦肩而过，什么也没有说，在我回头看他的一刹那，他也在回头看我。然后，我们又各自朝前走着，不再回头……错过的不会再回来，也许这就是今生唯一的一次相遇，留在我心中的只有永久的遗憾。

3. 母亲

我说："天上的飞雨是我的眼泪，天上的彩霞是我的欢笑，天上的红日是我心中的太阳。"

我问妈妈："您心中的太阳呢？"

妈妈说："我心中的太阳就是你！"

4. 家乡

爬不完的坡坡坎坎，数不清的座座山峦，穿不透的层层迷雾，吃不够的麻辣火锅。

这就是中国最年轻的直辖市——重庆,我的家乡。

重庆是一个火爆的城市。一切刺激、火爆的事物在这里都受到欢迎。重庆人爱看足球,爱吃火锅,爱大声吆喝,爱大碗喝酒。重庆人敢说敢做,敢爱敢恨,敢拼敢闯。重庆人的血液就像注入了烈酒,处处透着巴人的豪爽。

"敢同魔鬼争高下,不向霸王让半分。"这就是重庆人的性格。

5. 故乡

我的故乡是日本大阪。它位于日本列岛西部的大阪平原上,有"关西水缸"之称的琵琶湖滋润着大阪的沃土。它是仅次于首都东京的一个大都市。

早在日本战国时代,一位武将夺取天下,建立了大阪这个城市。当时社会发展很快,尤其是商业。大阪附近有一个城市叫京都,很早以前是日本的首都。因为大阪西部面向大海,所以大阪就成了京都重要的运输通道。大阪人非常勤劳,而且精明。他们相互竞争,取财有道。比如,商品的价格在日本其他地方都是定价,只有在大阪可以讲价。大阪人会听话,又会说话,例如问"赚钱了吗?"不管他赚多少钱总是回答"马马虎虎!"然后发出爽朗的笑声。

又如餐饮业,大阪的老板们总是想方设法提供更好的服务,不仅食品品种丰富,而且色香味俱全,价格又便宜,不管什么时间,走到那里,你都可以吃上满意的食品。人们常说"吃在大阪",就像在中国说"吃在广州"一样。

大阪人生活节奏很快,很辛苦,因此他们很会自我排解、寻开心。大阪话有独特的格律和表达方式,所以大阪人非常幽默风趣。大阪的滑稽故事节目,从小孩到老人都熟悉,都爱看。在学校里,有幽默感的男生要比帅哥更受女生的欢迎和喜爱。

商业、食品和滑稽故事是大阪的三大特点。

目前,大阪经济不大景气,但我相信,大阪一定会发展起来,我一定会听到大阪人比原来更加爽朗的笑声!

我爱我的故乡——大阪!

我日日夜夜深深思念我的故乡——大阪!

6. 父亲

我父亲是经历过战争年代的人,他个性强,对人严厉,又讲究礼法,所以我在童年时很怕他。

那时,我不喜欢周末,因为到周末就要和父亲一起吃饭,每次吃饭都要受他的训斥。什么碗的拿法、筷子的使用、左手应放的位置……每次吃饭都没有吃饱的感觉,也没有吃舒服的感觉。

有一天,我又被父亲训斥了,当时我憋了一肚子气,就顶了他一句:"麻烦!"然后,转身逃跑,一口气跑到二楼我自己的房间里。没想到父亲竟追到了我房间,不仅对我继续痛骂,还狠狠揍了我一顿。

从此,我连父亲的影子都不敢惹,真是从心里怕他。但后来有一件事情,父亲的态度出乎我的意料,从而改变了我对他的看法。

那时,我家养了一条狗,我特别爱那条狗。后来,可爱的小狗生病死了,于是我们一家人一起去动物墓地为它送葬。当火葬炉开始移动的时候,我哭了,我再也不忍心去看。就在我转过头去的那一刹那,我忽然看见父亲的泪水也一滴滴落下,我十分惊奇,瞪大了眼睛看着父亲……这是我唯一一次看见他掉泪。这时,我发现他原来是慈祥的,是的,他原来是那样慈祥!

现在父亲年纪大了,还有了一个孙女,在家中经常能听到他和孙女大声说笑,此刻,父亲更显得和蔼可亲了。

童年时代父亲对我那么严厉,其实是希望我成才。过去严厉的父亲淹没在今天的慈祥之中,偶尔浮现出的儿时情景,已变成心中愉快的回忆。

第三单元　形象思维与语言表达

第一部分　理论概要

形象思维是以直观形象和表象为支柱的思维。形象思维能力,是指对事物形象和表象进行捕捉、记忆,并运用形象和表象进行思考判断的能力。这种能力可以通过训练加以提高。

事物表象具有不稳定的特点,要力求获得对该事物稳定而深刻的认识。对事物的运动变化及本质了解得越深刻,规律性把握得越准确,对它认识的稳定性就越高。

首先,通过自己所熟悉的、深深感受过的、认识上具有稳定性的事物,进行反思反窥。因为是我们生活中所熟悉的,所以在叙述前,头脑中就会产生该事物比较清晰的图像,也叫心像。我们在叙述一件事物之前,要先在内心看见它们,不仅看见正面,还要看见不同侧面;不仅看到静态,还要看到动态;不仅看到总体,还要看到局部;不仅看到表面,还要看到本质和核心;不仅看到它的过去,还要看到它的未来。这样才能获得对该事物较透彻的、具有稳定性的认识,记忆才深刻,在此基础上就会有真实的内心体验和鲜明的态度。

形象思维越活跃,语言越有色彩;形象思维越清晰,语言越生动,越有感染力。

形象思维活跃的人,语言表达能力不一定很强;语言表达有条理的人,也不见得形象思维能力很强,这就需要用一定方法进行调整和训练。

形象思维活动和其他形式的思维活动是不能截然分开的,它们往往是互相渗透、互相作用、相辅相成的。

第二部分　教学内容及同步练习

一、绘画描述练习

（1）简明扼要地讲授欧洲艺术起源，包括古埃及艺术、古希腊艺术、古罗马艺术、中世纪艺术和文艺复兴。

（2）观看佛罗伦萨画派创始人意大利画家乔托·迪·邦多奈的作品《哀悼基督》（见图1），即兴组织语言进行表达。

（3）观看佛罗伦萨画派代表、意大利肖像画的先驱者桑德罗·波提切利的作品《维纳斯的诞生》（见图2）、《春》（见图3），即兴组织语言进行表达。

二、历史描述练习

用三皇五帝、夏、商、西周时期的政治、经济、文化、人物做载体，组织四篇作业进行即兴口述练习。

三、音乐感触描述练习

播放一段音乐，让学生在听的过程中寻找内心视像，展开形象思维，并组织语言进行即兴表达。准备好的同学依次进行语言表达，音乐可以重复播放。

四、说物练习

让学生拿出一些小物件，如笔、手表、笔记本、眼镜、文具盒等。根据小物件的形象特点，即兴组织语言进行表达。

五、课后作业

选择最喜爱或印象最深刻的物品进行表达。

第三部分　教学目的与要求

该单元主要锻炼学生分析、判断、思考问题的能力，锻炼学生的形象思维能力和语言表达能力。在训练中应注意以下几点：

（1）要求学生认真观察事物，抓住事物形象的主要特征，经过对形象的思考判断，得出结论。

（2）在学生叙述时，一定帮助其捕捉形象最主要的特征，使其语言表达准确、有条理、动听。

（3）启发学生找到与表述对象的情感连接点，引起学生的情感共鸣。

（4）让学生通过事件来树立形象，表达形象。

（5）语言表达要简洁，有逻辑，否则会出现思路不清、中心不明、语言杂乱、不知所云、无法收场的情况。

（6）开始训练时，允许学生写三到五句提纲。之后逐渐去掉提纲，直至完全能够即兴口述。

（7）选材要有新意，尽量不要选一般化的、众人皆知的内容。要求每人作业的主题不能相同。

第四部分　学生作业例稿

一、绘画描述练习

1. 乔托·迪·邦多奈作品《哀悼基督》

乔托·迪·邦多奈被称为"文艺复兴的种子"。《哀悼基督》是乔托的代表作。《哀悼基督》描绘的是耶稣遇难后，他的亲人、朋友、圣徒围绕着他的遗体哀悼的场面。整幅画色彩凝重、肃穆。人们的面部表情痛苦，目光悲哀，其中怀抱着耶稣的圣母最扎人心。

圣母身穿灰黑色的衣服，她双眼凝视着基督，托着儿子的身体，怀抱着他的头。然而，她并没有大声哭泣，没有捶胸顿足。她是那样沉静地守着去世的儿子，似乎能听见她在喃喃自语，安抚着儿子的亡魂。

她是一位伟大的母亲，如同人世间所有的母亲一样，无私地爱着自己的儿子。但同时，她的精神与思想又高于所有的母亲。她明白，耶稣的死唤起了更多人的良知。也许正因为如此，圣母的目光才会在哀伤中带着安详。

这位母亲是全世界母亲的缩影：温柔、端庄、慈祥、美丽。她爱儿子，爱一切受苦的人。在她的身上，我们看见如大海一般深沉博大的母爱。

2.乔托·迪·邦多奈作品《哀悼基督》

《哀悼基督》描绘的是基督被钉死后,众人哀悼的情景。但在画面中最吸引我注意的是山坡上的一棵枯树。这棵树没有一片叶子,枝干枯黄。我想,也许它原本想为这片荒凉的山脊带来一些绿色,但是山脊的贫瘠使它枯死了。这就好像基督为拯救人类而来到人世间,却因为人们的不理解和排斥而殒命。但是我们知道,枯木逢春也能再吐新绿。基督虽然死去了,但他传播的思想却留在人间,为人们点燃了一盏希望的灯。

我们相信,终有一天,这棵枯树会再发新芽,染绿山脊;基督的博爱和仁慈也会代代相传,感染世间的每一个人!

3. 桑德罗·波提切利作品《维纳斯的诞生》

看到桑德罗·波提切利的这幅传世名画,有人会注意维纳斯的曲线之美,有人会注意山泽之神的服饰之美,也有人会注意西风之神和花神的动感之美。我单单注意的是维纳斯脚下踩着的坚硬的贝壳。贝壳纹路清晰,光芒四射,与维纳斯相映生辉!

关于维纳斯的诞生有两种说法:一种认为她是从海水泡沫中诞生的,意味着爱与美只是瞬间即逝的泡沫;另一种则认为维纳斯的母体是海上的贝壳。很显然,波提切利选择了后者。因为他认为美和爱都不是一蹴而就的,要经历不断的磨砺。

虽然贝壳在海底要经过海水的打磨,到达陆地要经过日晒雨淋,但我们会发现它所诞生的不再是那颗不起眼的沙粒,而是光芒四射的珍珠——维纳斯。我们之所以赞美维纳斯的美,不只是她的外表,而是她经历了磨难之后所产生的内在之美。我们更赞美贝壳,为了塑造美,忍受痛苦,日复一日,默默无闻地付出。

4. 桑德罗·波提切利作品《维纳斯的诞生》

《维纳斯的诞生》画面色彩清新秀丽,画家波提切利用他的画笔,向我们展示了爱与美之神维纳斯从爱琴海浮出水面的情景。左上角有风神、花神吹送维纳斯靠岸,右边的春神准备为维纳斯披上锦衣,空中漫天飞舞着美丽的花瓣,温馨而浪漫。风神、花神与春神的结构形成了一条对角线,生动而又自然,增加了画面的动感。维纳斯体态丰满,线条优美,脸上的表情十分安然。

画面上一个个人物栩栩如生地展现在我们面前。这些人物都是神话中的人物,而他们的形象却出自大师波提切利之手。唯美的画面让我们惊叹!而更让我们惊叹的是画家巧夺天工的妙笔。人的创造力是无穷无尽的,只要有创造力,新的、美好的事物就会源源不断地呈现在世人眼前。

5. 桑德罗·波提切利作品《维纳斯的诞生》

大海孕育了生命,也孕育了美。

《维纳斯的诞生》画面唯美,富有诗意。维纳斯在风神、花神和林中仙女的簇拥下,从爱琴海中诞生。她金发披肩,肌肤光洁细腻,眼神温柔,站在贝壳之上,如同一颗洁白晶莹的珍珠。

传说维纳斯的母体是海里的贝壳。贝壳在古罗马象征着权威,所以贝壳衬托了维纳斯的圣洁和高贵。然而,每颗珍珠最初都是一粒平凡的细沙,是贝壳将沙砾放在怀里,经过千万年的孕育,才有了珍珠的光华。

维纳斯的光华和珍珠一样,原本也来自于平凡。当平凡经历了磨砺,才有了最终的圣洁和高贵。

6. 桑德罗·波提切利作品《维纳斯的诞生》

画中圣洁美丽、体态婀娜的维纳斯是最吸引人的,她脚下是坚硬的贝壳,说明她来自贝壳之中,是在粗糙的贝壳皱褶中磨砺出来的。还有一种说法,维纳斯的诞生源于一场血腥的战斗,她是乌拉诺斯被切割的肢体衍变而成的。这说明美丽需要付出代价,有时甚至需要流血牺牲,用生命换取。

你惊羡他人头顶的光环,但你是否想过光环背后的磨炼?所以,迈开你的脚步,勇敢地拼搏!

7. 桑德罗·波提切利作品《春》

"冬天已经来了,春天还会远吗?"桑德罗·波提切利的《春》让你在寒冬中感到春的暖意与芬芳。

整幅画色彩柔和清新,其中的维纳斯端庄秀美,丘比特顽皮可爱,左侧的女神们婀娜多姿,舞姿翩翩,右侧的风神吹着徐徐的春风,花神呼出的香气变成了朵朵鲜花,而春神则将花朵抛洒于人间,使得人间姹紫嫣红,春意盎然。

在画面的最左侧,有一个身披红袍、佩带宝剑的少年,他是信使墨丘利。他背对着起舞的众神,右手高举神杖,驱散寒冬的阴云。他的眼神专注地看着神杖顶端,融融春光,缕缕春风,都没有分散他的注意力,而正是他的执着,使阴云散去,大地恢复了生机。人们往往关注众神的美丽与风采,而忽视了角落里的他。

这幅画的背景是文艺复兴时期,当时的艺术家们充当了春天信使墨丘利的角色。作为先锋,他们冲破了中世纪的黑暗,打开了人们精神的枷锁,为人世间带来了人文主义的春天。

任何新生事物的出现,都会遭到挫折和摧残,但敢于顶住风雨、勇敢面对、努力驱散阴云的人,都是伟大的。

8. 桑德罗·波提切利作品《春》

画中处于中心位置的是维纳斯和丘比特,维纳斯是美神,丘比特是小爱神。此刻,丘比特正蒙着眼睛,自信地要射出爱之箭。因为蒙着眼睛,箭可能射准,也可能偏离靶心。但不论准与不准,最重要的是他很自信,所以他不停地射出他的爱之箭,感受着箭离弦的惬意。一个人也许会失败,但只要他拥有自信,不断努力去做,就会拥有自己的天空,就会快乐。

谁都不可能完美,谁都不会不经历失败。朋友,不要气馁,不要失掉自信,只要坚持,总会成功!

9. 桑德罗·波提切利作品《春》

波提切利的作品《春》是传世名作。这是一个春寒料峭的季节,女神们出现在大森林中,她们有的端庄,有的高贵,有的皱眉,有的微笑,有的漫步,有的驻足。

我最感兴趣的是美慧三女神,她们分别代表着"美丽""青春"和"幸福"。她们在画面中是一个整体,有着相同的发式和发色,同样身着薄如蝉翼的纱裙,手拉着手,浑然一体,翩翩起舞,为春天增加了一份轻柔和妩媚。

无论是美丽,还是青春和幸福,都是人们所追求的。要知道,美丽、青春、幸福三种追求是不可分割地连在一起的,正如画面中这样的组合。她们既是《春》的一部分,又构成了整幅《春》的美丽。

10. 桑德罗·波提切利作品《春》

初春的早晨,阳光还没有完全射透森林,但众神脚下的花草,却让我们看到了春意。

在众神的上方是天使丘比特,他的双眼被布蒙着,手中的爱情金箭已经蓄势待发。这支箭要射向谁呢?众神都不知道,看来神对爱情同样是盲目而无知的。

春天来了!丘比特的爱情之箭射出来了!

学会爱吧,爱你身边的每一个人,爱每个爱你的人!让春天驱走严寒,让春天的温暖布满大地,撒满人间!

二、历史评述练习

1. 关于三皇五帝的描述

传说中的神农氏——炎帝长着牛的头,腹部透明,是一位受人尊敬的首领。当时社会很原始,人们以狩猎为生,无法维持温饱。于是,神农氏教会了人们制造工具,耕种田地,识别五谷,兴修水利,解决了人们吃的问题。但毕竟生存环境恶劣,人们仍饱受疾病的折磨,一个个死去。神农氏便决定尝遍百草,寻找救人的药。他爬遍大山,蹚过无数条大河,不辞劳苦,最多的一天竟尝了70多种草药。他曾发现一种绿色的草,吃后能清理肠胃,那就是茶。他还发现一种开粉红色小花的草,原来是甘草,可以清热解毒。最终,他尝了一种开黄色小花的草,使他肝肠寸断,离开了人世,原来那是毒性极强的断肠草。

神农氏舍身忘我、无私奉献、一心为民的高尚品格,代代流传,也影响着一代代的炎黄子孙。我们一定要将这一传统美德传承下去,并发扬光大。

2. 关于三皇五帝的描述

当你看到壮美的山川、宽阔的河流、茂密的森林,你知不知道天地间的美景从何而来?今天就说说盘古开天地的故事。

相传,盘古小时候被困于蛋壳之中。随着盘古的成长,他终于破壳而出。他脚踏地,手撑天。天高一丈,他身体也增高一丈。终于有一天,盘古头东脚西倒下死了,他的头成了东岳泰山,脚成了西岳华山,左臂成了南岳衡山,右臂成了北岳恒山,腹部成了中岳嵩山,毛发成了森林和树木。

盘古开天地的故事流传至今,盘古的身体变成我们今天生活的美好环境。我们要学习继承盘古的精神,不能不思考我们给后代又留下什么样的环境呢?

3. 关于三皇五帝的描述

提起三皇五帝,炎黄子孙肃然起敬。但三皇究竟是哪几位呢?

《史记·始皇本记》载有李斯奏议:"古有天皇、地皇、泰皇,泰皇最贵。"泰皇指的是人皇。这天皇、地皇、人皇是笼统的概念,具体化后则出现了几种意见:

一说是伏羲、女娲、神农;一说是伏羲、神农、燧人;一说是伏羲、神农、祝融;一说是伏羲、神农、共工。

这几种意见中,伏羲、神农为大家公认。女娲因其补天造人,功不可没;燧人钻木取火,让人饱尝熟食美味,可谓恩重如山;祝融"绝地通天",能分人神之界,其功盖千秋;而共工一怒之下,撞断天柱,使天地日月骤变。四位皆是造世英雄,其功劳难分高下,他们都是我们的祖先,都是我们应效仿的楷模。

4. 关于夏朝的描述

龙是中华民族的图腾,它出现的最早时间要追溯到夏朝。

夏朝是中国第一个朝代,中国从此进入奴隶社会。在夏朝之前,中国处于原始社会阶段,存在很多的氏族和部落,每个部落都有以动物为原型的图腾崇拜,而夏朝的图腾却是一种长有骆驼的头、鹿的角、鱼的鳞片和须、蛇的身体、鹰的爪子这样一种动物,他们称之为"龙"。由于身体的每个部位都来自其他动物身上最美、最有力量的部位,所以龙成了美与力量的象征。几千年来,龙的图腾已经渗入中国社会的各个方面,成为一种文化的凝聚和积淀,华夏儿女都自豪地称自己为"龙的传人"。这个光荣而响亮的称谓,将炎黄子孙紧紧地联系在一起。中国一定会像一条巨龙腾飞在世界。

5. 关于夏朝的描述

在农历中,传统的节日很多,如春节、元宵节、端午节等,农历又是从何而来的呢?

在夏朝时,人们已经开始能较为稳定地生产生活,他们记录下农作物的生长情况与气候变化的规律,并对照太阳、月亮的运行情况,制定了一种历法,这就是"夏历",也叫"夏衍历"。

夏历经过历朝历代科学家的补充和发展,就演变成了现在的农历。虽然现在距夏朝已有数千年了,但夏历依然指导着我们的农业生产和生活。

夏历是勤劳与智慧的结晶!

6. 关于夏朝的描述

高大魁梧的夏朝末代皇帝桀,喜欢把他的爱妃妹喜放在膝盖上,像把玩一件精美柔软的乐器。而妹喜的性情却是忧伤的,要博取她的笑容,成了桀最大的心事。他为爱妃取名为"喜",就是希望借这个字能使她多一些笑容。

桀酷爱喝酒,就下令建造酒池,其规模之大,大到可以划船。然后,他将众多的饮酒高手赶下酒池,让他们痛饮,结果他们中的一些人因为烂醉,而淹死在池里。面对这样荒谬的场面,妹喜嫣然一笑,于是激起了桀的欢心,就将这种残酷的游戏一直继续下去。

其实,从另一方面看,桀又是一个低能的君王。不杀对他政权产生威胁的汤,而只杀了阻止他修建酒池的关龙逢,不能不说是政治上的低能。在爱情上,他总想博得美人的欢心,但始终没有医治好妹喜的冷漠和忧伤,相反却给商汤起兵造反提供了口实,最后成了亡国之君。所以,他是一个典型的起起武夫式的昏君。

7. 关于商朝的描述

古老的商朝,虽然科技并不发达,但人们依然追求美好的生活。他们寄希望于天地和神灵,渴望得到上天的眷顾,于是他们寻找到一种与天地神灵沟通的方式——祭祀。

当时的祭祀是非常庄严的,而且场面宏大。君王一人在前,百官按等级排列在后,再下面则是平民百姓,最下面的是奴隶,有时奴隶也被充当祭品。祭祀的器皿多用青铜所制,比如铜樽、铜鼎等。他们以圆形器皿祭天,以方形器皿祭地。祭祀时,祭台上摆满祭品。

那时的祭祀过程庄严而肃穆,从这点我们可以看出,当时的人们对美好生活的渴望。他们希望风调雨顺,希望获得丰收,希望天降祥和,希望得到神灵祖先的护佑。这种祭祀活动直至今日仍然存在,那就是我们称之为"祭祖"的活动,如祭黄陵。我们有共同的祖先,我们都是龙的传人,是炎黄子孙。我们今天依然会在心中祈祷:天佑中国!

8. 关于商朝的描述

在中国,大到树根,小到蛇虫甲壳,均能入药。"化腐朽为神奇"也许是中医最大的魅力所在。而各种千奇百怪的药材中,有一味药的名字非常神秘,叫"龙骨"。

其实它不过是些普通的龟壳和牛的肩胛骨,但有一天,人们却发现它真正的价值不在于入药,而在于它上面奇怪的符号,后来考证,那原来是中国最早的文字——甲骨文。

在遥远的商朝,人们为了预知凶吉祸福、国运民生,往往进行占卜。他们把一种草扔在地上,根据它的形状进行推算;或者把龟壳用烧红的铁钎戳破,根据龟壳裂开的走势,预知凶吉,然后把所测的结果用图形记录下来,这就形成了最初的文字。

甲骨文是象形文字,多被刻于龟壳和牛的肩胛骨上。它的出现结束了结绳记事的历史,使得文化有了传承的载体;同时把商朝和商朝以前的政治、经济、文化和人民生活状态记录了下来,为后人所知。在它被发现之前,国外的历史学家不承认中国有夏朝,但甲骨文上的记录却为我们找到了依据。

9. 关于商朝的描述

有人说,我们的社会已经步入了市场经济时代,经商的人越来越多。那我们常说的"商人"这个词汇,是从何而来的呢?

商朝覆灭后,商朝贵族成了周朝的奴隶,被迫迁居到各地。变成奴隶的贵族一向脱离生产,身无长技,不能像其他奴隶一样从事农业或手工业生产,于是做买卖几乎就成了他的主要职业。在周人心中,做买卖的人就是商人,就是低人一等的人。虽然在以后的时间里,商、周两族的界限逐渐消失,买卖人也不再以商人为主体,但是人们仍把"商人"作为买卖人的通称。

10. 关于商朝的描述

世有伯乐,然后有千里马。千里马常有,而伯乐不常有。作为千里马,最重要的是如何让伯乐发现。

商朝的右相伊尹,本来只是商汤的岳父有莘氏家里的一名奴隶。有莘氏嫁女时,把伊尹作为陪嫁的奴隶送到了商汤家中,商汤打发他在厨房干活。伊尹虽为奴隶,但才智过人,他并没有因为自己的怀才不遇而随波逐流,而是寻找机会展示自己。为了引起商汤注意,他在做菜时,有时故意做得很咸,有时又做得很淡。终于,商汤召见了他。伊尹就把治国之策讲了出来,商汤大为惊奇,立即赦免了他的罪过,并封他为右相。在商汤建立商朝的过程中,伊尹起了很大的作用,并辅佐了商朝三代君王,成为历史上第一位著名的贤臣。

由此可见,机会不是天上掉下来的,需要我们自己去创造。少一些怨天尤人,多一份脚踏实地,把握生命中的每一次机会,奋力拼搏,就能让生命大放异彩!

11. 关于西周的描述

周王朝的疆土与商朝相比,是空前地扩大了。周王朝原是偏居"西土"的一个小邦,如何统治这新征服的广大地区?周天子推出了一项重要措施:"分封制"。

所谓分封,就是周天子分别授予自己的弟子、亲戚、功臣或古代先王圣贤后裔等一定的土地和人户,去建立统治据点,以拱卫周王室,即"封建亲戚,以蕃屏周"。"封建"就是封邦建国的意思,这种统治据点就是"封国",众多的封国首领便是"诸侯"。

西周初,武王时期和成王时期,曾进行过两次大规模的分封。作为王室支柱的最重要的封国有东方的齐、鲁,北方的燕、晋,中原地区的卫国。

周天子正是以这种向诸侯"授民授疆土"的方式,形成了一座政治统治的宝塔。在周天子向授封者颁布的"册命"中就规定,各诸侯要向周天子承担镇守疆土、捍卫王室的职责。

正是靠这种分封制,周王朝分解了许多统治阶级内部的矛盾,巩固和加强了它的统治,使广大疆土得以巩固。

12. 关于西周的描述

姜子牙是中国古代历史上的重要人物,在民间和道教界都有很重要的地位。姜子牙所处的商纣王统治时期,国家战乱不断。为了躲避战乱,姜子牙在辽宁隐居了40多年,后来他到陕西终南山,常在渭水边垂钓,因为用的是直钩,所以民间有"姜太公钓鱼,愿者上钩"的说法。最神奇的是,有一天他真的钓上来一条鱼,鱼腹还藏有一本兵书,他看后如醍醐灌顶,天下大事一目了然。更奇怪的是,当天夜里,周文王姬昌做了一个梦,梦见途经渭水时,要遇到一个大富商。果然,第二天就在渭水边遇到了用直钩钓鱼的姜子牙。听了姜子牙的一番见解后,文王认定这就是梦里遇到的财富,正是他要找的贤人。于是,文王说:"我的先祖太公早就对你寄予厚望!"于是给了姜子牙极高的地位,故姜子牙又称"太公望"。

在姜子牙的帮助下,文王和他的儿子武王推翻了商朝的统治,建立了周朝。姜子牙一直活到97岁。他的长寿有多种说法,有人说他是成仙的道长,也有人说是因为他长期垂钓,静观万物,"愿者上钩"更体现他顺其自然、淡泊功名、豁达通泰的品格。在垂钓中,他时而抛钩观浮,舒展筋脉;时而屏气凝神,静观鱼儿咬钩,两者一动一静,动静有致,达到平衡统一。此外,在垂钓中,他磨炼了自己的意志、毅力和耐心,养成谋大业而不求利禄的胸怀。这说明若想成大事,一定要有一颗豁达的心和坚忍不拔的精神。

13. 关于西周的描述

西周很重视贵族子弟的教育,从幼童开始,就要学习礼、乐、射、御、易、数等基础知识和基本技能,称为"六艺"。

数学就是其中的一门,可见当时有关数学的知识已广泛运用于社会生活各个方面,并发展成一门独立的学科。《周髀算经》所述"勾三股四弦五"的定理,传说就是周公提出的。《周髀算经》的出现,标志着我国的数学知识在当时已处于世界领先地位。

三、说物练习:记忆最深或最喜爱的物品

1. 古剑

在我的性情里面,总有怀古的成分。记得有一次参观文物展览,看了许多文物,如今只有一些琐碎的印象……一面埋藏了无数表情的古铜镜;一把断了弦的古琴;一柄泛着寒光的青铜剑! 拭去锈斑,还以本色,那"天下之大,唯我独尊"的狂傲之气还隐约残存于上。剑啊,你曾佩带在谁的腰上? 你曾摧毁多少河山? 考古学家说:"战争是古代的一门重要艺术,剑是那时的艺术品。"这样的艺术和艺术品,无疑过于残酷。

我想起一个古老的故事。干将为大王铸剑,耗费三年的日日夜夜,炼成了两把纯青透明、像冰一样的宝剑,然而,却也成了第一个用血来饲剑的人。十六年后,干将持一把雄剑为父报仇,最终和仇人同归于尽。一把宝剑,砍下三颗头颅,那剑刃上还残留着血迹与血光里惊恐的眼神! 这是我知道的第一个关于剑的故事,竟是如此的暴戾!

我想起了金庸,他笔下的剑似乎有了另一种定义。武侠小说中总是少不了剑的,似乎没有了剑,《神雕侠侣》便不能称其为《神雕侠侣》,《倚天屠龙记》便不能称其为《倚天屠龙记》。杨过、小龙女生死相许有君子淑女剑;"倚天一出,谁与争锋"有倚天剑;袁承志义胆忠肠有碧血剑;小青痴情不悔有越女剑。剑不是冰冷的,它凝固着人最真的性情;剑不是无情的,它总是侠肝义胆和情深意笃的见证。

外国小说中也有不少关于剑的故事。莎士比亚的《王子复仇记》中,得知实情的哈姆雷特为了求得真相,为父报仇,煞费苦心,可却被一把毒剑刺中胸膛倒下了! 当一切尘埃落定,皇宫堂皇的大殿中只剩下两把西式古剑。这是我知道的又一个关于剑的故事。有剑的地方,总是存在悲剧。

当历史成为过往,握剑的手和被剑刺穿的胸膛,都化作泥土,化作遍野的青草。

也许是因为干将莫邪,也许是因为金庸,也许是因为"宝剑锋从磨砺出……",总之,我喜欢剑,欣赏剑! 喜欢那生带来死带去的侠气,喜欢它经过千锤百炼炼就的坚定,喜欢它沧海桑田依旧不变的韧性……

2. 透明的高脚杯

我喜欢那暗暗的幻灯下,那一方茶几,茶几上那孤独的高脚杯。矮矮的红酒总是刚好漫过她的腰间,像一抹性感又火红的超短裙,让人久久地凝望着她。在这般沉寂的空气里,她孤芳自赏,鲜艳地开放,激情穿过透明的长腿,汩汩溢出;她时时渗透着醉意和魅力,淡淡的酒香让人回味悠长。

我欣赏她,因为她迷人,更因为她那纤纤的腿撑起的那颗不容侵犯的高贵的头。她灿烂,灿烂得一如坚贞的钻石,冰冷的杯沿发出一束束耀眼的强光,一颗透明的心说明她的纯净与冷冷的美。有时,她碎了,红酒像一条小溪,顺着手腕落到胸前,滴在地上……那一片片晶莹剔透的碎片,静静地躺在地上,尖锐得让人无法接近,那是她最后更加耀眼的生命光辉!

有一种女人,她就像美丽、坚挺而又脆弱的高脚杯!

3. 小木碗

第一次教我们端碗的是父母,为了不把碗打碎,父母为孩子准备了小木碗。小木碗很轻,又不烫手,有天然木质的花纹,古朴乖巧。随着孩子一天天长大,他们开始用稚嫩的眼睛打量着他们即将进入的社会。他们发现社会上的人端着各式各样的碗。有人过着纸醉金迷的生活,端着贵重的金碗,但内心忐忑不安,总怕有人算计,失去他的金碗。有人在社会高层或是做白领,端着精美的瓷碗,但他们劳累忙碌,又总怕打碎了自己的碗。而更多的人是生活温饱,衣食无忧,他们端着不怕丢失也不怕打破又很实用的普通粗碗。于是,端粗碗的希望自己有一天能有精细的瓷碗,端瓷碗的希望自己有一天能有金碗,有金碗的希望自己的子子孙孙都抱着金碗。

说实在话,其实不同的碗有不同的长处和短处,做事万万不能强求,强求往往会打碎自己现在的碗。总之,无论你现在拥有什么,无论你追求什么,我们都不能忘记,父母给我们的小木碗。更要记住当初父母教我们如何端碗。

4. 老屋木窗

上了年纪的人都知道,以前人们住的是瓦房,有阁楼,还有那木头做成的窗户。现在我漫步在成都的老街,还可以看到那带小阁楼的老房子。于是,记忆深处,我曾经住过的、让我魂牵梦萦的老屋就会出现在脑海中。

我在老屋生活了十几年。那是一座庭院式的老房子,有天井,有石阶,还有我最难忘的老屋木窗。老屋木窗是没有玻璃的,它由一块块泛黑的老木头构成,木头上有古老的镂花。我最初就是站在凳子上,攀着这古老的木窗,从镂花的缝隙中向外打量这个世界的:春天,我看到阳光灿烂;冬天,我看见大雪纷纷。我还看到人来人往的街道,看到迎亲、出丧的队伍。人世间的悲欢离合,全都流入我小小的心灵中,唤起我对世界无穷无尽的遐想。

现在,我离开老屋已经多年了,老屋木窗还时时出现在眼前,我多想还踩着那潮湿的地板,踏着吱呀作响的木楼梯,倚在木窗边,睁着好奇的眼睛,打量新奇的世界……那真是无穷的诱惑!可是今天,那新奇和诱惑在我心里已不复存在了,因为我已来到了木窗外的世界,这世界常常让人感到太空旷、太孤独,没有属于自己的一个空间!所以,时常幻想,还透过那木窗再看一看,因为木窗里面,是不需要任何防范、是最无忧无虑、是真正属于我的天地。在木屋里的窗户前,心里最踏实。

我知道,木屋已不复存在了,我必须适应外面的世界。在外面的世界里,学会找到自己的空间,搭建起属于自己的木屋,再透过那木屋的窗户,看今天的世界……

5. 雕塑

我的书架上有一个黄铜的罗马士兵雕像,他是站着的,左手执盾,右手高举投枪,仿佛是正要把投枪掷向敌人。他的铠甲制作得很细致,就连头盔上羽毛的纹理也十分清晰,看起来如在风中,让人感到栩栩如生!

他的那份真实,常常将我的神思带到古罗马时代。古罗马曾是地跨欧、亚、非三洲的大帝国,它曾像巨人般强大而不可动摇。当时,战神马尔斯向人间散布着恐怖和火焰,罗马人在神的带领下挥剑冲锋,奋勇杀敌,战车隆隆,杀声震天,将大片土地置于罗马之鹰的翅膀和利爪之下!

恺撒大帝光芒万丈,眼前的士兵是他的骄傲。正是由于这些士兵的勇猛,才使得恺撒名垂青史,才有了历史上伟大的罗马帝国!如今,士兵们早已化为了泥土,但眼前的黄铜罗马士兵雕塑却让我明白了历史发展的背后是血与火,就像宇宙星体的背后是漆黑一样。正是有了血与火,人们才更珍惜和平;正是有了黑暗,才显得星体的明亮。

面对罗马士兵的雕塑,我想说,你是永远明亮的,因为凡是美的就会永存!

6. 锁

这是什么样的锁?!这是什么样的情?!

在黄山之巅,那风雨凛冽、终年积雪的天都峰,竟有成千上万个锁被不知名的人锁在崖边的铁链之上。仔细看,便会发现,每个锁上都会有两个人的名字,他们虔诚地把两人的名字刻在锁上,然后把刻了名字的锁锁在黄山最高之处,将钥匙丢掉,发誓永不分开!

他们想让锁经过天都峰风、霜、雪、雨的磨炼,使情更坚贞,使爱更牢固,于是日复一日,年复一年,天都峰的防护铁链就只见大大小小成串的锁,而不见其链了。知其内情,让人感动!我想这些纠缠在一起的锁,就是一个个爱的、情的结。每一对相爱的人都相信,他们将锁锁在这里,他们就生生世世不再分开——锁是永远的爱,爱是永远的锁。

7. 门

我家对面邻居的门,是两扇最普通的厚厚的木板门,从中间向两边打开。过节时,门上贴着福字,门两边贴着对联。

小时候,常常听见轻轻的开门声,看到一个小阿姨用湿抹布擦着门,门面干净整洁。后来,我读初中了,常常看到一个年青的男人和小阿姨出出进进。大人说,对面的小阿姨谈朋友了。有一天放学,我看到对面的门又油漆了,门上还贴了大红喜字。大人们忙着送礼物给小阿姨,小阿姨结婚了。后来,经常听到清脆的开门声,从门里还不时传出小阿姨和她爱人的笑声。门更明亮了!

高中时功课紧张,回家较晚。有一天,在巷子口,远远地看见一个浓妆艳抹、珠光宝气的胖胖的女人,我还没有辨认出是谁,她便主动和我招呼,我大吃了一惊,原来是小阿姨!高三时睡得很晚,常听到对门发出用皮鞋踹门的声音和用重物从门里砸门的声音。清晨开门的时候,看到对面的门已不再完好,坑坑洼洼,很不平整。再后来的一天,听到很重很响的摔门的声音,从我家门缝偷偷往外看,小阿姨和她的丈夫各奔东西、分道扬镳了。身后剩下了残破的门……

我要离开家读大学时,对面搬进了一对老年人。屋内只有简单的家具,老大爷穿着朴素,正乐呵呵地修着门。他对我说:"小伙子,解放战争中,要不是一块破门板,我早就沉到江底喂鱼了!"

离家上路的早晨,打开家门,眼前一亮,对面的门重新油漆了,古铜色亮闪闪的大门上贴着福字。门内静静的,一朵芙蓉花从墙内伸出头来,随风摇摆,像在对我说:"一路平安!"我上路了,门,留在了身后。

8. 风筝

我卧室的墙上挂着一只红色的风筝,那是我童年时最美好的梦,但是它从未在天上飞翔过。

小时候,父母对我学习要求非常严格,每科成绩必须考 85 分以上,并责令我制订出学习计划,并写好保证书。

除夕,父母忙着准备过年,无暇过问我的功课,我趁他们不备,悄悄溜了出去。我看见街角一位老奶奶面前,摆了好多五颜六色的风筝,像一只只美丽的蝴蝶,我不由自主地买了一只。

回到家,爸爸看见风筝,抢步上前,一把夺过风筝,就要撕得粉碎!我从没见过爸爸发那么大的火,心中既害怕又疼惜自己的风筝,"哇!"我号啕大哭。妈妈赶忙夺下风筝说:"妈替你把它挂在墙上,以后再放吧!"我一边擦泪,一边走进卧室拿起书本。

以后,我再没看那风筝一眼,也再没提放风筝的事。

现在,摸摸那红色风筝,已没有了儿时那种要放飞的激动,毕竟我的童年已过去!回想起来,也不怪我的父母,我能理解他们的一片苦心。负担过重,竞争激烈,任何人都无法改变,这是现实!就是这一切,决定了户外的春天不是我的!天上的风筝不是我的!我只能将美丽的蝴蝶风筝挂在墙上,把它的飞翔变成梦!

我认为,孩子们可以从玩耍中学到在父母那里和老师那里学不到的东西。今天,我由衷地希望,现在年轻的爸爸、妈妈们能给孩子更多自由,希望学校能真正地减负,希望今后没有一个孩子再会像我一样,将美丽的蝴蝶风筝挂在墙上,它的飞翔永远是童年的一个梦!

9. 桨

去年夏天去了西湖,湖面上盛开着一片片荷花,红、粉、白相映于绿叶之间,微风徐徐,荷花、荷叶一起轻荡,江南美景美不胜收。

忍不住登上一叶扁舟。看着美景,荡着轻舟,不禁想起王维的"竹喧归浣女,莲动下渔舟"的诗句来。

泛舟湖上,欣赏着西湖的美景,眼光却不由自主地被船夫手中的双桨吸引了过去。那桨是木制的,桨把柱形,桨身窄而稍扁。它们的颜色比本色稍旧。最下面是桨尾,宽大而扁平,由于长年浸泡在水里,已变成深褐色。船夫均匀而有节奏地划动着双桨,桨每插进水中一次,船就前进数尺。就是这个扁平的桨尾,使我们的船前行。

说到桨,我想起一位哑巴老人的故事。哑巴老人在一条河上撑了一辈子船,最后却用毕生的积蓄在这条河上修了一座桥,只为了两岸的人过河方便。想来,老人的那双桨,自出现在他手中的那一刻起,就担负起修桥的重任。然后,几十年如一日,老人握着同一双桨,从河东到河西,又从河西到河东。那握着的桨,实际上是老人心中的愿望,最终,他的桨划向了成功的彼岸,最后完成了自己的心愿,修起了一座桥。

桨,就是一双手,手就是一双桨。人类就是凭着这样的一双桨,把自己划离了猿群,划进了新的世界!其实,人的个体又何尝不是一只小船,理想是他的舵,双手就是他的桨!

是的!要完成所愿,就要在暴风雨来临之际,勇敢地举起你的双手,去经受所有的考验!用一生的精力划动你的双桨,实现自己的心愿!

第四单元　想象与语言表达

第一部分　理论概要

什么是想象？从心理学角度讲，在知觉材料的基础上，经过新的配合而创造出新形象的心理过程，就是想象。

任何事物的创造都离不开想象。有人把想象十分精辟地概括为"灵魂的眼睛"。

想象力是在知觉材料的基础上，经过新的配合而创造出新形象的能力。丰富的想象力与生活的积累分不开，同时与知识的积累也分不开。如果我们拥有丰富的生活积累和广博的知识，想象就可以不受时间和空间的限制，做到"览古今于须臾，抚四海于一瞬"。

如何使我们的想象力更丰富呢？

第一，培养广泛的兴趣爱好。对于感兴趣的人物和事件，我们的想象会更丰富。

第二，观察是认识活动的开始，对生活和人观察理解得越细致、越深刻、越透彻，想象力就越丰富。

第三，勤于思，勤于学，看待事物要由表及里，去伪存真，抓住事物的本质和特征。

第四，不仅要感知作用于自己感观的事物，而且能根据自己的经验和积累进行想象。

第五，要多层次、多侧面、多角度地展开想象，不因循守旧，不循规蹈矩。

第六，在想象中发挥独有的特长和优势，突出独特的极具个性的思维方式，做到独具特色，敢于标新立异，独树一帜。做到立意新——新思考，角度新——新看点，手法新——新表达。

第二部分　教学内容及同步练习

一、绘画描述练习

讲解欧洲文艺复兴时期画家列奥纳多·达·芬奇的作品《蒙娜丽莎》(见图4)，米开朗基罗·布纳罗蒂的作品《创造亚当》(见图5)，拉斐尔·山提的作品《西斯廷圣母》(见图6)。

二、图形描述练习

根据下列图形即兴组织语言进行表达，也可做组合图形练习，表达时组合图形顺序不能颠倒。○ △ □ ᔓ ☰ ⦀ ◇

三、国内地理评述练习

根据国内某个地区或城市的某一方面的特点组织语言进行表达。

四、国外地理评述练习

根据国外某个国家、某个地区或某个城市的某一方面的特点组织语言进行表达。

五、历史评述练习

用春秋、秦、西汉、东汉四个历史时期的政治、经济、文化做载体，组织四篇作业，进行即兴口述。

六、自然景物评述练习

你对大自然中什么最感兴趣？为什么？请组织语言进行表达。

七、课后作业

讲解列奥纳多·达·芬奇的作品《最后的晚餐》(见图7)。讲解维萨里奥·提香的作品《圣爱与俗爱》(又名《天上的爱与人间的爱》，见图8)。让学生看绘画作品后做即兴口语训练。

第三部分　教学目的与要求

要充分展开想象，找到新颖、别致、与众不同的视角，从不同角度诠释主题。

(1)刚开始做练习时，有些学生的想象展不开，教师要积极引导。可根据其他学生的叙述，为他做几种构思，让他选择其一，做进一步的加工，引起他的兴趣。

(2)想象展开后，学生可能想得太多太杂，内容散乱。教师要帮助学生理出主线，确定中心。

(3)关键之处，要帮助学生画龙点睛，使学生作业更生动传神，富有灵气和神韵。

(4)帮助学生明确主要事件、主要段落、主要道理，让学生感觉到全篇跌宕起伏的节奏。

(5)学生要有内心感受，而且要随着情节的发展而起伏变化，表达有主有次，详略得当，切忌平均用力。

第四部分　学生作业例稿

一、绘画描述练习

1.《蒙娜丽莎》

如果说美丽的女人一生注定要守候一段传奇，那么有一个女人也许是全世界最神秘、最传奇的美丽女子。她用一抹神秘淡然的微笑面对世人，时间不但没有带走一丝一毫的美丽，反而让她的容颜永驻！

她，就是达·芬奇笔下的蒙娜丽莎。

很多人欣赏这幅画时都会被她恬静、精致的脸庞所打动。然而你是否发现：她的眉骨凸显与高挺鼻梁的阴影之处所形成的曲线，如同展开的双翼，这对"翅膀"线条流畅，占全脸三分之一的面积，而且居中。

在我们的现实生活中，蝴蝶凭借双翼嬉戏丛林，白鸽靠双翼飞翔在蓝天，海鸥用双翼与风暴搏击……这一对对翅膀或美丽、或强健，但没有哪一对如蒙娜丽莎脸上这一对无形的"翅膀"神奇。透过这双翼，我们甚至可以感觉到此刻蒙娜丽莎的思想正随着双翼翩然飞出。如果再结合画的背景来看，似乎这对翅膀正自由地在大自然中飞翔。

如果你问我看这幅画何处让我感动，我会告诉你是蒙娜丽莎脸上的这对"翅膀"，它是无形的,同时又巧妙地存在。它似乎在向我们传达这样一个信息:蒙娜丽莎之所以笑了,是因为她的灵魂早就飞出了现实的躯壳,飞向了回忆中的花园。也许是想到她的孩子,也许是想到最美好的拥有……但我们不知它真正的方向,所以我们永远猜不透微笑的神秘之源。

这其实是一对天使的翅膀,它使蒙娜丽莎超越了世俗的美,它更承载了达·芬奇对艺术无限的追求与向往。

2.《创造亚当》——上帝在哪里

《创造亚当》这幅绘画本身就体现了米开朗基罗无穷的想象力。上帝在圣经中是一位无所不能的造物主,他可以造就天地万物,还可以造就万物之灵——人类。他拥有强大而无穷的神力,可以将腐朽化为神奇。然而,没有人见过上帝,人们根本就不能想象出上帝的模样。

画中的上帝,被画家描绘成一位白发苍苍、精神焕发的老者。他身上穿着一套白衣,披着一件被风吹得飘扬起来的斗篷,斗篷中藏着一群探头探脑的小天使,如同一位慈祥的长辈呵护着自己的满堂儿孙。他驾着轻风在天使们的簇拥下飞来,伸出一只手指有力而坚定地指向亚当,而亚当见到了万能的上帝到来,也连忙伸出无力而软弱的左手迎接上帝赋予的力量。

这样一幅画面,被喻为神赋予人类灵魂精神的动人时刻。经过这一刻,无力的亚当将立刻变成一位充满力量与智慧的男子。欣赏到此画的人大多都为造物主的神奇所感叹,而这样一位智者形象的上帝从此深入人们的心灵,成为人们心目中上帝的模样。其实细细想来,哪个人不希望像亚当一样,在自己最软弱无力时,得到上帝的帮助?哪个人不期待上帝那神奇的手指落在自己的身上?然而,你是否想过,上帝究竟在哪里?其实世上根本没有上帝,上帝就在你心里。如果你只知一味地寄希望于上帝,那你的现状永远也不会改观。

如果贝多芬失聪后,只知道乞求上帝,那我们不可能听到《命运交响曲》的抗争与激情;如果海伦·凯勒失明后,只知道乞求上帝,那她永远写不出《假如给我三天光明》的动人诗句;如果司马迁遭受腐刑后,只会向上帝哭泣,哪有后来名垂青史的《史记》……这些人都曾创造过奇迹,每个人凭借的都是自身非凡的毅力和坚强的意志,而不是依靠上帝。

所以,不要羡慕亚当,他只是把命运寄托在了他人的手中,更不要等待上帝的降临,因为上帝就在你的心中。

3.《西斯廷圣母》

《西斯廷圣母》是拉斐尔最为得意之作,有人称之为最成功的圣母像。然而我却要说，拉斐尔在作品中为我们成功描绘了两个截然不同的世界，一个属于成人，一个属于孩童。

这幅画上居中的是怀抱着圣婴的圣母，她慈祥美丽的面容透着庄重与坚定。她似乎若有所思，对怀中圣婴来到人间经历的痛苦有了预知，而这份先知使她心情沉重。左侧的主教，身披黄袍，从人间来为圣母引路。他白发稀疏，皱纹斑斑，仿佛经历了人间的沧桑。他目光虔诚地注视着圣母与圣婴，神情有一些迫切的感觉，因为他将一切希望都寄于圣人身上。右侧的渥娃拉·芭芭拉，一脸温顺与平和，她已经将人世的一切欲求舍去，一心只服从上帝的旨意。这三个人组成了一个成人的世界，他们或凝重、或急切、或顺从，在他们身上更多的是责任与重担，所以成人的表情总是那样复杂。

画的下方是两个小天使，他们一个托着下巴，一个趴着身子。胖嘟嘟的小脸上都有一双亮晶晶的大眼睛，看起来那样无邪。孩子总是这样，即使再重大的事即将发生，他们也不会有丝毫不安，一切未知在他们看来都值得期待。即使在圣母怀中，担负神圣使命的圣婴，他的表情也比成人要单纯得多。

一幅画上的两个世界形成强烈对比，一个凝重而复杂，一个简单而纯真，而两个世界又息息相关，因为等待他们的将是同样的命运……

二、图形描述练习

1. ◯ 形

徐庶给刘备推荐能帮他治理天下的诸葛亮。他对刘备说："诸葛亮是一条龙，到时他就会腾云驾雾的！"刘备听后，就带着关羽、张飞来到卧龙岗，拜会诸葛亮。第一次来到诸葛亮驻地，诸葛亮不在，书童说："先生会友去了。"第二次来到诸葛亮驻地，书童说："先生到书院去了。"第三次又来到诸葛亮驻地，书童说："先生在睡觉。"刘备、关羽、张飞三人只好在门外等待，等了两个时辰，三个人腿都站软了。张飞气急败坏，要放一把火把房子烧掉，刘备赶紧劝阻。三人又等了一阵儿，诸葛亮终于起来了，会见了他们三人。于是他们共商天下大事，并将诸葛亮请出山来，做了蜀国丞相。三顾茅庐画上了圆满的句号。

2. ◯ 形

东晋陶渊明自成一家，留下诗词125首，被称为田园诗之父。他三次辞官，最后过上隐居的生活。他的《桃花源记》是文学瑰宝，一直流传至今，可以说非常圆满，我们可以为这篇作品画一个圆。但《桃花源记》中的景象，仅仅是一个梦想，自古至今现实生活中都不存在，因此我们也可以为它画一个圆，那就是零。

3. ▽形

历史上的"三国"所以能鼎立,是因为力量的相等和均衡。北魏曹操重视农业生产,保护农桑,并亲自发明了水翻车,提高了农业产量,发展了经济。东吴孙权重视手工业和造船业,注重贸易,当时船队曾到东瀛。蜀汉丝绸生产十分精细,诸葛亮重视水利,曾派2 000多士兵驻守修护都江堰,使得都江堰的水利灌溉了川西的万亩良田;而且蜀国与少数民族关系和睦,后方稳定。正因为他们各有所长,相互牵制,才形成三国鼎立之势,就像一个倒三角形。

4. ʃ形

这个图形让我想到了数字"2","2"这个数字在受欢迎程度上,远远不如"1"。我们做事都想争第一,考试想争第一,比赛想争第一,甚至比财富,都常说"首富"。相比之下,数字"2"就显得有些差强人意了。但没有"2、3、4、5……"又怎么会有"1"的骄傲和辉煌?战国时廉颇负荆请罪,正是在蔺相如顾全大局、识大体、甘愿退让的崇高品德和宽大胸襟的感染下,才自叹不如。与其处心积虑去争"1",倒不如心宽体胖来做"2"。退让一步,"2"也同样精彩!

5. ʃ形

由反S形,我想起了F1赛车,因为它就像F1的车道。前段时间在上海举行了F1的中国赛,可以看到几乎所有媒体在描述F1时,都用了"最先进""最时尚"等字眼儿。中国有了F1赛事是令人高兴的事,但据了解,F1从一开始就不是单纯的比赛,而是世界汽车巨头们的实验场和广告牌。中国有参加F1的能力,不等于中国真正有了F1。我们就只能买着贵宾票,看着普利司通的轮胎飞驰,听着法拉利发动机的巨大轰鸣声,目送舒马赫冲过终点。这就好比中国足球,有了去曼联的董方卓,有了去曼城的孙继海,有了去慕尼黑1860的邵佳一,就能说中国足球是世界水平吗?当然不能!我们只有面对现实,学习和引进国外的先进观念和管理经验,让选手素质得到普遍提高,才能从本质上脱离落后的现状,才能真正走向世界。

6. ʃ形

这就像人生所走过的路。终点和起点的距离是如此地接近,但人们却弯弯曲曲地走得十分漫长。那么你会选择直线还是曲线呢?我想很多人都会选择直线。但是你要知道,丰富的人生经验才是成功的铺路石。每个人会由于年龄、经历等原因,在年轻时,做了一些无可挽回的错事,走了一些难以避免的弯路,经历了一些难以承受的挫折,但只要我们能从这些错误、弯路和挫折打击中,吸取经验教训,调整航向,面对新的开始,自己的路会越走越宽,拥有一种新的、更为积极的人生。因为人生最值得投资的就是自己。在人生的道路上,"曲"是一种经验,"曲"是一种智慧,多一步弯路,也许我们就会多出一份生活的味道,就会多出一份人生的精彩!

7. ▯形

一看到这个图形,我首先想到的是一扇窗户。我们知道,透过窗户可以看到外面的一切,了解外面的世界,与更多的人接触,获得更多的知识。但是如果在这扇透明的窗户背后涂上一层银粉,它就变成了一面镜子。窗外的一切都看不到了,就只能看自己。当一个人眼里只有自己时,他是孤独的,是形影相吊的,是茫然不知所措的。他必须一个人承载所有的痛苦和忧愁,也没有人与他分享快乐。之所以如此,就是心灵的窗户蒙上了一层银粉。因此,我们应该随时擦亮自己的窗户,打开心门,享受与朋友交流分享的快乐!

8. ▯形 + ◇形

长方形让我想到了厚厚的书本,而菱形则让我想到了一顶博士帽。从我们儿时开始识字,到我们进入大学的殿堂,其间不知翻阅了多少本书,才能戴上那顶博士帽。

当我们戴上博士帽的时候,我们觉得无上光荣,因为十年寒窗苦读,似乎都为了这一刻。它证明了我们付出辛勤和汗水之后的成功。

然而,戴上它的时间毕竟是短暂的,戴过那顶帽子的人会发现,那不过就是一顶帽子而已。而读过的那些书,才是真正属于自己的财富。是的,那厚厚的书本上的每一页,就是我们收获的凭证。有一句话说得好:"不为彼岸,只为海!"

9. ◯形 + ◇形 = ⬡形

圆形与菱形组合,就是我国古代的货币——铜钱。铜钱起源于商朝。商朝以前,人们使用贝壳做货币,可贝壳易碎,又不能保值,大大地抑制了商业活动。商朝时,人们发明了这种圆形方孔的铜钱,用麻绳穿起来,便于携带,这样,商品交换频繁了,经济也发展了起来。

铜钱的产生印证了人类独特的智慧。人的思维是不断发展的,我们应该努力活跃思维,开拓创新,创造出更有利于社会发展的新事物,共同为美好生活添姿加彩。

10. ◇形

看到这个图形使我想起了风筝。儿时,母亲常常带我到河边放风筝,看着越飞越高的风筝,我的童年也锁定在了这美好的时刻。现在的我还是一只风筝,可任我飞翔的天空,不再只是家乡狭小的天地,母亲已把我放飞出门,任我翱翔。但我毕竟是一只风筝,飞得再高再远,线绳还是紧紧地握在母亲的手中。

11. ◇形

看到它,我想到了水晶和钻石。现在很多人都愿意用水晶来代表爱情。有首歌唱得好:"我和你的爱情好像水晶,没有负担、秘密,干净又透明。"是的,在这个物欲横流、金钱至上的社会中,留有一份纯洁、真挚的爱情是多么难能可贵!可爱情只干净透明是不够的,如果想让你的爱情能够经受住生活的打磨,那么就得有钻石般的坚硬。这样才能让爱情发出永恒的光彩。像广告词上说的:"钻石恒久远,一颗永流传!"

祝愿朋友们拥有的爱情,既干净透明,又坚硬永恒!

12. ◇形

我认为它是一粒种子。乔托是绘画大师,文艺复兴的种子。他的艺术理念是"艺术不是上帝的奴仆,而应真实地再现自然",这个理念体现在了他的名作《哀悼基督》中。虽然在他的绘画中,可以看到很多向中世纪拜占庭艺术妥协的地方,例如,我们可以看到,人们的动作和表情比较僵硬,衣服的皱褶大都是纵向的,天幕的颜色仍然选用的是拜占庭绘画所特有的背景,就是在题材上也屈从于圣经故事,但他的艺术理念却是惊天动地的!就像他的朋友但丁在《神曲》中所写到的:"奇马布埃认为他控制着绘画的领域,但是现在乔托受到了称颂,而奇马布埃的声望却暗淡了。"由此说明,乔托的理念和作品在当时的影响和震撼力,他不愧是文艺复兴的一颗种子。

13. ☰形+○形

看到这八条平行线,首先让我想到的是人们经常攀爬的阶梯,而这些阶梯不是平稳坚固的石梯,而是圆形的木质滚轮。

有过挑战"水上滚木"的人都知道,要想在不停滚动的木头上行走,就一定要保持平衡,最好的办法就是放低重心,弯腰俯身。同样,要想在木质滚轮的阶梯上攀爬,弯腰俯身是很重要的。

在生活中,许多人都时刻昂起自己的头,甚至是踮起脚尖,以显示自己的高明。可是他们忘了,此时正身处圆形滚木之上,如果不放低重心,就一定会从圆形的滚木上摔下,后果不堪设想!

14. △形+☰形

三角形使我想起了我国历史上的魏、蜀、吴三国。他们为了争夺中原的霸权,展开了激烈的交战,形成了三足鼎立的局面。三个国家经历了多年战事,各国人力、物力都已基本耗尽。虽然最后魏国取得了胜利,但也国力大伤。当年的车轮滚滚、尸横遍野都已随风而去,唯有一片片竹简,记载了这段历史。当时称王称霸的人们啊,谁会想到,他们的兴衰,只不过为后人提供了划分时空的记号。一切都不要强求吧,因为到头来，只不过为历史增添了几片竹简而已。

15. ◇形 + ～形 + ⊞形

每个母亲心中都有一颗钻石。这颗闪亮的钻石就是他们的孩子。然而，这颗钻石的诞生不是轻易得来的，他们要经过精心的呵护，从孕育生命开始，母亲们就要怀着生命经历苦难。当一个个小生命来到世间，母亲们还要带着他们，跨过一个个命运的栅栏。也许在到终点的时候，母亲已耗尽心血，但闪光的却是在母亲心中的钻石——孩子。

16. ○形 + □形 + △形

这三个图形的组合，让我想到一支蜡笔 ▯，蜡笔似乎只是孩提时代的玩具。记得小时候妈妈曾送我一套彩色蜡笔，有红、橙、黄、绿、青、蓝、紫七种颜色，正好和自然课上老师讲的彩虹的颜色一样。于是，我兴奋地对妈妈说："我的书包里装了一道彩虹！"那时那种兴奋的心情，到现在我仍记忆犹新。可随着年龄一天天长大，那套彩色蜡笔早已不知踪影。直到有一天，我和大学同学在操场看喷泉，在灿烂的阳光下，突然出现了一道彩虹，我忽然想到了那套七色蜡笔。童年已离我远去，"书包里装着彩虹"的童话也变得模糊了，回想过去才发现，成长已将童年带进了记忆的长河。我不会忘记那盒蜡笔，它将是我内心深处的一道彩虹，伴我一生！

17. ○形 + △形 + ⊞形

这三个图形让我想到了一首古诗"锄禾日当午，汗滴禾下土。谁知盘中餐，粒粒皆辛苦。"

正午的太阳烤着大地，农民戴着草帽，拿着锄头在地里辛勤地耕耘。汗水顺着他们的脸不断往下滴落，像一粒粒晶莹的珠子，落在泥土中。

现在有人看不起农民，觉得农民土气，然而他们似乎忘记了，饭桌上的每一粒粮食，都来自他们褐色粗糙的双手，他们的祖辈甚至父辈，也是这样的农民。这首古诗三岁的孩童皆能背诵，但长大了，却忘记了粮食的珍贵和来之不易。所以，当我们看到那火热的太阳，那头戴草帽辛勤耕作的农民和那浸着汗水的锄头时，就会想到我们要对粮食倍加珍惜。

18. ～形 + △形 + ≡形 + ⊞形 + □形

一个人低下头思索着，想找到光明，但他始终没有找到。于是他请教智者，智者对他说："到山上去吧，那里有光明！"他朝着山顶一步步走去，山顶只有一个茅草棚，里面一片漆黑，他只好下山询问智者。智者还是说："到山上去吧，那里有光明！"他又沿着阶梯一步步走到山顶。迈过茅草棚的门槛,里面一片漆黑,什么也看不见。他努力寻找着,还是什么也没有找到。正当他沮丧时,忽然发现茅草棚的最里面有一个小门,他用尽全身力气,猛地一推,门开了,眼前金光灿烂,一片光明。他获得了成功。

朋友们,想要获得成功吗?不要急躁,要用心探索。要知道,只有经历失败,才能获得成功;只有冲破黑暗,才能见到光明。

三、国内地理评述练习

1. 重庆

诗人李商隐曾有这样一句话:"何当共剪西窗烛,却话巴山夜雨时",描述的就是山城重庆独特的巴山夜雨。

重庆的雨常常是在夜里淅淅沥沥地下。在迷蒙的细雨中,山城夜景比起平时的璀璨与辉煌,更多了一种神秘的气息。南山"一棵树"是观夜景最好的地方。站在这里,俯览夜雨中的山城,缤纷的灯光在雨雾中流光溢彩,行走的车灯层层叠叠,亦真亦幻,仿佛把人带入了七彩的梦境。而各路段的吧廊,却给这静静的夜晚带来了别样的感受。解放碑、南岸、沙坪坝的吧廊消夜,热气腾腾的麻辣烫,江边漫步的情侣,细细的夜雨不仅没有妨碍他们的兴致,反而为他们更添一份情趣。围坐在麻辣烫桌边的重庆人,一个个笑逐颜开!重庆人辣的个性、辣的生活、辣的乐趣,在夜雨中,同样展现得淋漓尽致。

夜雨过后,洗刷过的山城更加美丽!

2. 成都

古人云:"少不入川,老不出关。"这话有它的道理。以休闲与美食闻名天下的成都,让人来了就不想离开。

到了成都,应该去坐坐茶馆,吃吃火锅,过几天地道成都人的生活。如果你还想更多地了解蜀文化,建议你去观赏一下巴蜀文化的瑰宝——川剧。

川剧在成都有悠久的历史,以其独特的配乐和唱腔让听者入迷。而川剧中的变脸,更是被誉为"梨园奇葩"。

面对着川剧演员的变脸表演,你会惊叹四川人独具的敏锐和智慧。那一张张精美的面具,原本就将人物的内心与性格直观外化了。再加上脸谱魔术般地不断变换,将人物刻画得入木三分。瞬间的捕捉与表现,是变脸的魅力所在。往往演员一次变脸,观众相应地有一阵掌声和喝彩,台上台下频频互动,好不热闹。

从变脸艺术上,我们得出成都人性格的特点。成都人看似漫不经心,生活悠闲,实际上却像变脸一样,在迅速求变。

成都街道的改造从未间断，我们能从那尘土飞扬的工地上感到城市在变；街头的各种鲜花布置不断翻新，我们能感到市容在变；马路上飞奔的小汽车数量的迅速增加，说明成都人生活质量在变——成都的私家车拥有量居全国第三；从街头女郎的服饰变化，我们能感到人们的品位在变。

成都位于川西平原，远离沿海，但它却以自身的灵性时刻走在中国时尚的前端，如同不断更新的变脸一样。

"天下未乱蜀先乱，天下已治蜀未治。"这是过去"蜀道难，难于上青天"的时代对四川的描写和认识，而今天，四川的发展速度之快，让世人惊叹！

3. 成都的茶文化

在成都的大街小巷，布满了星罗棋布的茶馆。竹靠椅、三件头、茶博士，都构成了成都茶馆的特色，也是成都休闲文化的标志。

成都的茶馆不仅延续了茶客来茶馆聊天、谈生意、叙友情的习惯，还保持了看川戏、看变脸、听清音等传统。穿梭于成都的茶馆，你可以看到，老年人围坐在一起唠唠家常、谈论时事，也可以看到年轻人三五成群地看书、聊天、谈笑风生。其实，成都的茶馆就是一个信息集散地，国内外各种最新信息都在这里汇集，又在这里传播出去。

有些成都茶馆四五点钟就开张了，一些老茶客按时来到茶馆，享受这一天的第一杯清茶，轻松而休闲的生活就这样开始了。

4. 都江堰

从成都往西 50 公里，就是举世闻名的"都江堰"。

在公元前 251 年，岷江上游就已经汇集百川，奔腾而下，水流中夹带了大量泥沙，河床淤积，洪涝灾害连年发生。当时的蜀郡守李冰为了变水害为水利，根据西北高东南低的地形，凿开玉垒山，在岷江江心筑堤分流。前堤是分水的"鱼嘴"，"鱼嘴"把岷山分为内外两江。外江是岷江正流，全长 70 多公里，流经都江堰、乐山、宜宾，然后流入长江。内江是人工渠道，经过"宝瓶口"的节制，流入成都平原。但岷江的泥沙流量很大，于是又在分水堤内建造了"飞沙堰"，让洪水中的泥沙泄入外江，控制了内江的水流量，保证了灌溉，避免了水患。

凡是到过都江堰的人都会惊叹："在当时那种科技并不发达的年代，李冰父子是如何想到这种方法的呢？"

都江堰已经有 2 000 多年历史了，"深淘滩，浅作堰"这种治水的原则，至今让我们感叹，值得我们思考、借鉴。

5. 自贡

自贡有"盐之都""龙之乡""灯之城"的美誉，现已发现 164 元处恐龙化石，盐业文化长达200多年,大型灯会闻名遐迩。近年来,该市投入800多万元开发旅游项目,投入300万元兴建恐龙博物馆,打造出了一个初具规模的西部特色旅游城市。

在全国各地城市建设中,自贡没有盲目地追随其他城市的发展模式,而是因地制宜,发展出了具有本地特色的经济模式。

如此看来,在城市建设中,不能盲目追逐潮流,更不能因循守旧,裹足不前。要在众多的对手中脱颖而出,就必须根据自己的特点扬长避短,才能在竞争中立于不败之地,走出自己的一条路。

6. 自贡

当我们放眼国内城市时,拥挤的街道、高耸的楼层,整个城市没有了自己的特色。而自贡则不然,它使我们眼前为之一亮!

"牛头对马岭,不出贵人出盐井。"这是自贡的特点。自贡已有1900多年的井盐开采史,这里曾有无数的盐井。盐井的井架用的是堆积木的方法堆积而成,最高的井架有113米,形如通天高塔,气势磅礴!而不可思议的是,如此高的建筑却没有地基,只在地上用篾绳作拉式支撑,这不能不说是一大奇迹。美国自然科学史学会主席罗伯特不无惊奇地说:"这么高的井架,简直让人不可思议,这比当年哥伦布发现新大陆还要让人激动!"

自贡盐井是过去一个时代的代表,是劳动人民苦难的象征,也是这个城市的标记,更是自然、历史和人文景观的和谐统一。今天,这里的人们仍保留了这些过去的盐井,因为任何人都不能割断历史的脉络,丢掉过去的遗存,丢掉城市固有的特色!

7. 乐山

乐山古以得江之胜著称,而其中最著名的就是号称"天下第一佛"的乐山大佛。

"山是一尊佛,佛即一座山。"乐山大佛坐落在市东南部的凌云山西壁,又称凌云大佛。它头齐山顶,脚踩江岸,形体自然,仪态端庄。通高71米,头高14.7米,肩宽28米,脚背宽9米,脚长11米,是我国最大的弥勒佛造像,也是世界最大的石刻艺术珍品,被誉为宗教学、水利学和传统雕刻艺术的经典之作。

乐山大佛建造于唐朝中叶,前后经历了三代工匠。传说当时船只经常在此遇难,而修了大佛,船对着大佛方向开去,就会平安无事。佛就是航标,所以大佛不但有艺术价值,而且有相当的实用价值。

8. 宜宾

一提到宜宾,我们最容易想到的是宜宾的五粮液。我们知道,每一个企业的发展都会经历一些波折,五粮液也不例外。作为中国老字号名酒的五粮液,在某个时期销售却不理想了,分析其原因,无非是假冒二字。

在五粮液红遍全国之时,各省相继出现了一些打着五粮液旗号的冒牌货。曾有不少有识之士,好心地提醒这个老字号为自己的产品打上防伪标签,五粮液公司却没有重视。他们有人还认为,蝼蚁再多,也只能证明我们牌子响亮,那些伪造者还为我们推销了品牌呢。结果,因为没有及时扑灭造假的苗头,五粮液在扑天而来的"假酒中毒""甲醇兑酒"的骂声中跌入低谷,再无昔日的红火。

通过此事,又一次提醒我们,"千里之堤,毁于蚁穴"。我们不仅要把握大方向,控制全局,也要小处着手,防微杜渐,更要居安思危。

9. 阆中

阆中,古称阆苑,有"阆苑仙境"之名。阆中古城位于四川盆地北部,嘉陵江中游,东连巴山余脉,西枕剑门臂腕。

阆中古城与云南丽江、山西平遥、安徽歙县齐名,被称为全国四大古城。而阆中则是保存最完整的古城。

当你走进阆中古城,便可看到横平竖直的青石板铺成的街道,就会有一种走进历史的感觉。它不如丽江清丽,却以厚重的文化展示它独特的魅力。

阆中有2,300年的历史,是完全按照唐代天文风水理论修建的。四面环山,三面临水,水在山中,城在水中。正是"三面江光抱城郭,四周山势锁烟霞",是中国古代建筑选址"天人合一"的完美典型。古城面积1.78平方公里,棋盘式的古城格局,融南北风格于一体,是中国建筑艺术的宝库。

正是风水古城的灵秀才孕育出了阆中的文化,它是华夏本源文化的发祥地。相传古代伏羲的母亲华胥,正是在此居住并在此生了伏羲。战国时,这里是巴国的国都,留下了永安寺、大佛寺等众多的名胜古迹。

如此仙境,从古至今留下了众多英雄的足迹,如辅佐刘邦的范雎、岳飞的爱将张宪、代父从军的花木兰。还有一些大文豪,如杜甫、陆游、司马光、吴道子、苏轼等,都曾被这里的灵秀所吸引,留下了许多珍贵的墨宝和不朽的诗篇。

也正是这厚重的文化,才使得古城如此深沉宁静。当你踏在青砖路上时,你似乎能沿着几千年前古文的足迹,体味到那隽永的诗意:"阆中胜事可断肠,阆中城南天下稀。"

文化让古城历久弥新。

10. 柳州

说起柳州,首先让我想起一句话,"柳州旧有柳侯祠,有得于民民祀之"。柳侯祠是纪念柳宗元为柳州人民鞠躬尽瘁而建造的。柳宗元是山西永济人,当官时触犯了朝廷,被贬到柳州,最后在柳州去世。

柳宗元在柳州时,为当地百姓做了很多好事,如制定释放奴婢法,禁止江湖巫医骗术害人,发展文化教育事业,开垦荒地等,很受柳州人民爱戴。在柳宗元死后第三年,当地百姓就为他建立了柳侯祠。在1000多年的历史中,柳侯祠几经颓败,几经修缮,最终留下的是清代风格的建筑。三间平房、白壁青瓦、红柱丹梁,既华丽精湛,又庄严肃穆。大殿中央有柳宗元的铜像,祠内还有历代保存下来的30多方石刻。

韩愈撰写、苏轼题字的"迎亲送神寺"依然在那里向世人讲述着柳宗元一心为民的感人事迹。

11. 桂林

从小就听说过桂林风光秀丽、民风淳朴。今天当我第一次踏上桂林的土地,心里确实无比兴奋。可是来到桂林风景区,众多村寨的门票50元至500元不等,而买票进寨后,又立即受到村中小孩的盘剥。他们往往不由分说上来拉住你要求合影,照完后又要求你付钱,据说那是因为你的相机里已存有当地的民俗文化。好不容易来到民居前,要进门还得再掏钱买票。进得屋去,刚取出相机,屋主又来索价,说是一张照片10元。

来到桂林风景区,见到的尽是"五步一岗""七步一哨",凡前进三步,就要买一张票,大叹桂林人精明的同时,我们不禁要问:难道这就是传说中的民风淳朴之地?

曹操曾说:"何以解忧?唯有杜康。"那我们想说:"何以免劫,唯有逃亡!"

12. 拉萨

在藏语中,拉萨是"圣地"或"佛地"的意思,它是西藏政治、经济、文化、宗教中心。说到拉萨,就不能不说布达拉宫,有首歌唱得好,"回到拉萨,回到了布达拉……"

布达拉宫是拉萨最宏伟、最完整的建筑,它是拉萨建筑的代表。它高117.5米,共13层,由上到下分别是"雪宫""白宫""红宫",体现了藏传佛教中"欲界""色界""无色界"的"三界说"。"雪宫"里挂满了佛教的壁画,"白宫"里摆满了大量的佛经,而"红宫"里则全是佛像雕塑。布达拉宫内部金碧辉煌,外部雄伟壮丽,无处不显示佛法的神威,令人望之而生对天国佛境的尊崇之感。在拉萨,布达拉宫也是至高无上的政教合一的象征,它体现了人们对神的信任和崇拜,希望在神的庇护下幸福安康。

其实有些佛就是真人,如班禅等活佛的肉身,它不是完全的虚幻。西藏人民对佛的信仰,其实就是对人的价值的尊重。

13. 拉萨

走近拉萨,你便走近了阳光。

拉萨素有"阳光之城"的美誉,而且是藏传佛教的胜地,阳光与信仰在这里交织,形成了拉萨夺目的光芒。

可以说,在每个藏族人的心中,拉萨的地位都是无比崇高的,因此他们才会无怨而执着地走上了朝圣之路。

每当太阳升起的时候,在湛蓝如洗的天空之下,在波涛似的山峦之上,在任何通往拉萨的道路上,你都能看见一起一伏磕长头的身影。

磕长头,是藏传佛教盛行的地区信徒与教徒们一种虔诚的拜佛仪式。它有一套非常严格的程序:首先取立正姿势,口中念六字真言,一边念一边双手合十,高举过头;然后行一步,双手移至脸前,再行一步,双手移至胸前迈第三步;然后双手移开与地面平行,前掌心朝下伏地,膝盖先着地;而后全身俯地,额头轻叩地面——这才算完成了一个长头。

也许在旁人眼里,这条朝圣路是艰辛的,可信徒们却矢志不渝地磕向他们心中的拉萨。他们从遥远的故乡出发,手戴护具,膝带护膝,身前挂一毛皮衣物,手握经轮,三步一磕,决不偷懒,更不坐车骑马。因为他们心中的信仰是神圣的,唯有这样,他们才确信能消灾赎罪,能得到神的护佑。

我时常为他们的信仰、为他们的虔诚所感动。不管是老年还是少年,不管他们的脸多么粗糙,外表多么零乱,在他们磕长头时,你直视他们的眼睛,你会看见最洁净的目光,是信仰让他们的心灵得到了净化和洗涤。

我们都爱拉萨的天空,但你是否想过,比天空更纯净、更崇高的,也许是人们心中的信仰。

14. 拉萨

在拉萨河边,有一座钢木板吊桥,它连着河堤及河中孤岛古玛林卡。吊桥的两侧绳索上挂满了祈福消灾的彩幅。河堤桥头的那边,不少人在焚香。带有药草和松木味道的白烟,飘过古玛林卡的柳树,然后缓缓地在河面飘荡,有一种宗教的神秘。

拉萨街头经常可以看到,一步一叩首、五体投地磕长头的藏民,他们在向心中的圣殿布达拉宫朝圣,他们被烟香缭绕着前行。

宗教构成了拉萨独有的文化。藏传佛教是西藏古老的神话和唐朝时传入的佛教相结合的产物。在藏传佛教中,被称为神灵之王的神是由人转为神的莲花生大师。据记载,莲花生大师在母亲的指导下开始修炼,拥有法力后,先后收服了青唐古拉山神、雅拉香波山神等众神。另外,莲花生大师还曾在印度著名的佛教大学纳兰托寺教授瑜伽。后来在公元747年从尼泊尔入境,修建了藏传佛教历史上有相当影响的桑耶寺,因此莲花生大师被推崇为西藏的神灵之王。这充分体现了藏传佛教对人的一种肯定,对向佛的人的一种肯定,对所有乐善好施、普度众生的人的肯定。

15. 上海

白天的上海放眼望去,全是一栋栋用钢筋水泥建成的高楼大厦,像是一片石头森林。夜晚的上海灯火辉煌,五颜六色的灯光像一颗颗彩色的宝石镶嵌在高楼上,仿佛给石头森林穿上了一件五彩霞衣。如果有人问我,是喜欢白天的上海,还是夜晚的上海,我会毫不犹豫地说,我喜欢夜晚的上海。夜晚的上海充满着无拘无束,有一种热血沸腾的真实感。而在白天,上海就像灰白的面具,虽然精致,却透着一股冷漠。每到夜晚,所有建筑上的灯都亮了,它们像钻石在闪亮,我会看到全家老少携手到外滩散步,谈笑风生;年轻时尚的人们在 KTV、舞厅里挥洒着他们的青春,尽情歌舞;热恋的情侣,大声宣读他们的爱情宣言,在黄浦江边拍照留念。

我爱夜晚的上海,爱它的流光溢彩,爱它的绚丽多姿,爱它是上海跳动的真实脉搏。

16. 上海

早在 20 世纪三四十年代,上海就被称为"东方巴黎",无论是大世界的歌声,南京路的灯光,还是十里洋场的繁华,都让人津津乐道。而今天的上海,又以新的姿态出现在我们面前。

浦东浦西新建的高楼拔地而起,但同时,生活在这座现代大都市的上海人,掀起了一股怀旧风,那就是在张爱玲书中才有的——新式里弄。

住惯了高楼别墅的上海人,开始怀念祖母时代的弄堂,于是新式里弄成了目前上海新贵们的"宠儿"。

可以说,里弄建筑是上海独有的产品,它是一个世纪前,上海殖民地历史的产物。设计师将欧洲联体式住宅和中国传统的"三合院""四合院"相结合,创造出这种中西合璧的里弄住宅。

自 20 世纪 20 年代开始,上海出现了新式里弄。它用矮墙或绿化带作隔断,生活设备较齐全,是当时比较舒适的住宅。

20 世纪 20 年代后,上海人又转向了花园里弄、公寓里弄。在陕西南路和复兴中路交界的陕南村,就是代表作之一。当时的富商巨贾、军政要员、知名人士都选择在这里居住。

可以说,里弄文化就是旧上海文化。如今,上海的新式里弄完全保留了 20 世纪三四十年代的外部结构,但内部的装修却是全新的现代化了,它的售价已超过同面积的其他别墅。

上海作家王安忆曾在《长恨歌》中这样写道:"上海东区的新式里弄总是放下架子的,……院里的夹竹桃伸出墙外,锁不住春色的样子……"

要了解上海的历史,应先从里弄开始。要看一个云卷云舒的上海舞台,走进里弄,便走进了上海。

17. 杭州

"欲把西湖比西子,淡妆浓抹总相宜。"西湖,在人们心中是一个美丽的天堂。西湖的美景太多了,"断桥残雪""三潭印月""雷峰夕照""苏堤春晓"等著名的西湖十景,吸引了大量游客。

西湖雪景历来受人称颂,"断桥残雪"的意境尤为脍炙人口。洪丞在《断桥闲望》中云:"闲作步上断桥头,到眼无穷胜景收。"断桥背城面山,正处于外湖和北里湖的分水点,视野开阔,是冬天观赏西湖雪景的最佳之处。每当瑞雪初晴,站在宝石山眺望,桥的阳面已是冰消雪化,是"雪残桥断"。而桥的阴面却还是白雪皑皑,故称其为"断桥不断"。"断桥残雪"是西湖难得的景观,有人说:"西湖之胜,晴湖不如雨湖,雨湖不如月湖,月湖不如雪湖。"站立在断桥桥头,放眼四望,远山近水尽收眼底,给人们留下了深刻的印象。

断桥还是西湖上有名的情人桥,它的出名与民间传说《白蛇传》有关。白娘子和许仙缠绵悲怆的爱情故事,就是从这里开始的。当两个人历尽磨难,再次断桥相会时,也为断桥的美添上了一份浪漫的色彩。

18. 苏州

"无声的诗,立体的画",也许是对苏州园林最贴切的比喻,诗情画意尽在其中。

苏州被称为"园林之城",它自古以来便以众多精致典雅的园林而闻名于世。苏州古典园林有2000余年的历史,是东方园林艺术的典范。

苏州园林与它的气候、地理环境有关。它地处长江三角洲,气候宜人,交通便利。旧时的达官贵人离职后,都会在苏州择地造园,颐养天年。特别是到了明清时期,苏州文化、经济发展到鼎盛时期,造园艺术也达到了顶峰。

苏州的造园设计人不同于一般的"匠人",他们都有很高的文化修养,能诗善画。造园多以诗为题,画为本,通过凿石堆山、栽花种树,创造出唐诗宋词般的美景,所以苏州园林重在营造"意境"。

苏州城并不大,而园林近200处。园林占地面积也并不是很大,但却充分地利用了空间,在有限的空间内,点缀假山树木,安排亭台楼阁、池塘小桥,依附天然,因地制宜,形成了一步一景、以小见大的艺术效果。其中"沧浪亭""狮子林""拙政园""留园"分别代表了宋、元、明、清四个朝代的艺术风格,被冠为"苏州四大名园"。

最别致的是"留园",所有景物都用曲廊相连,全园曲廊700余米,曲廊随地形而变,或盘于山腰,或蜿蜒于水际,始终不断,使园景延绵深远。

苏州园林有一种婉约之美,科学的空间布局、写意的山水艺术、巧妙的总体构思,都给我们今天留下了很多的启发和思考。

19. 无锡

一块毫不起眼的软泥，经过巧手的加工、揉捏、上色，不多一会儿，就变成了栩栩如生的形象。或是怒目高叫、擎棒而立的孙大圣，或是憨态可掬、咧嘴而笑的胖阿福。这种神奇的本事就来自无锡的泥人师傅们。

无锡的泥人制作来自宋代，在明末已经享誉京城，到了清朝更是成了红极一时的民间艺术。但是，无锡泥人真正走出国门，为世界所了解，还是在1980年以后。

1980年，无锡市政府出版了一套邮票，都是泥人的内容。其中，尤以"胖阿福"最引人注目。他憨态可掬，圆脸大头，身着大红袄，十分可爱。这套邮票一推出，立刻受到国内外的欢迎，无锡泥人也就成了国内外游客争相购买的产品。

古语说："好酒不怕巷子深。"通过无锡泥人推广的前后，却让我们懂得了，巷子太深，好酒也有无人尝的局面。再好的东西不去推广，永远是一块埋藏在地底的金子，没人知道它，也就实现不了它的价值。

20. 西安

牛羊肉是陕西最著名的清真小吃，号称"陕西一绝"。它是在古代牛羊羹的基础上发展起来的，早在公元前11世纪的西周时期，就是王公和贵族们的礼馔。《史记》中就有关于牛羊羹的诗句。宋元宗时，随着回民大量移居西安，牛羊肉泡馍更是备受欢迎。

关于牛羊肉泡馍的吃法，与宋太祖赵匡胤有关。相传赵匡胤早年间贫困潦倒，流落于长安街头，一日饥寒交迫，赵匡胤求牛羊铺舍一勺汤泡馍，吃后饥寒全消。十年后，赵匡胤已是宋朝的开国皇帝。一次，他出行长安，又来到这家牛羊铺，命店主做一碗羊肉汤泡馍。店主忙让妻子烙饼，烙好后，妻子将饼掰碎，精心配好调料，用汤煮了煮，还放了几大片羊肉端上。没想到皇帝吃后大加赞赏，当即赏给店主白银百两。此事很快传遍长安，吃牛羊肉泡馍的人越来越多。由于生意兴隆，店小二来不及给客人掰馍，于是改成客人自己掰，这种吃法一直流传至今。

明崇祯十七年，西安专营牛羊肉泡馍的"老马家"在桥梓口开业，由名厨马建行掌勺。食客盈门，誉满全城。1900年，八国联军占领北京，慈禧太后携光绪皇帝来西安避难期间，特来此店品尝，吃后大加夸奖，并写下"天赐楼"三字。此后，"老马家"就改名为"天赐楼"，名声大震。这就是牛羊肉泡馍的来历。

21. 大连

看过《真实的谎言》的人，一定对施瓦辛格骑马奔驰的镜头记忆犹新，恐怕也有人为中国没有骑警而暗自叹息，可是这种叹息在大连画上了句号。近年来，在大连车水马龙的马路、绿草如茵的公园里，都可以见到英姿飒爽的女骑警。骏马轻步慢行，女骑警携銮而坐,人马相得益彰,既雄壮有力,又姿态翩翩,堪称大连新的一景。

其实,论到实用价值,女骑警的体能难及施瓦辛格,但其形象的作用却不逊于电影镜头和任何招牌广告。自女骑警出现后,大连的旅游业绩又有了不小的提高。

警察是个很平凡的职业,但能从平凡中发现商机,这不能不说是大连政府的高明,而这种成功所折射出的平凡之中见奇特的精神和超常的思维方式,更是值得我们学习和借鉴。

22. 哈尔滨

如果说细雨缠绵的江南是婉约之美,那么大雪纷飞的北国更显凝重之美。哈尔滨则将这份凝重化为了一份童趣,它筑造了童话般的冰雪王国——冰雕。冰雕是哈尔滨的特色,但不是它的全部。这里不想说冰雕,只谈一谈城市布局。

哈尔滨的城市布局看似普通,却暗藏玄机。因为在整个城市下面,和城市上面一样,阡陌纵横,街道四通八达,商店、饭馆、游乐场应有尽有。又因它是多层,常使外地游客迷路。很多人初到哈尔滨,都认为这是再普通不过的了。然而,当你走进地下商城,就会有一种别有洞天的感觉,给你添了一份惊喜。

其实,这种建筑方式和哈尔滨的自然条件有很大的关系。因为哈尔滨天气寒冷,经常风雪交加,给商业活动和户外活动带来诸多不便,而在地下修建城市,可以让人们躲过寒冷,同时也可以最大限度地利用空间。在我们一直探讨的城市建筑与土地紧缺等一系列问题上,立体的哈尔滨给了我们很多的启示和思考。

23. 哈尔滨

小时候常会看到,在一些居民的屋檐上,冬天会悬着钟乳石般的冰溜。但是由于现在全球气候变暖,已基本看不到了。不过,如果你去哈尔滨,不仅会看见冰溜,还能看到更漂亮的晶莹剔透的冰雪。

冰和雪是形影不离的,冬天的哈尔滨是雪的世界。冰城的雪种类繁多,各具特色。首先是清雪,米粒般的小小的冰雪粒,星星点点,飘飘悠悠,从天而降,婀娜多姿,远远看到似粉似盐,如烟如雾,亲吻着大地。接下来是小雪,它窈窕轻盈,温柔安详,落到脸上,立刻融化成凉森森、湿漉漉的颗颗水珠。比小雪大一点的就是大雪了,搓棉扯絮、密密匝匝的雪片,铺天盖地,尽情飘落。风小时,纷纷扬扬,翩翩起舞,像蝶翅,又像鹅绒。风大时,那片片鹅毛由从容不迫变为匆匆忙忙,天空也迷迷蒙蒙的,人们管这样的雪叫"鹅毛大雪"或"棉花套子雪"。当然,气焰最嚣张的要数暴风雪了,尖刀般的狂风夹裹着雪花或是雪粒,形成缕缕白烟,呼啸着,盘旋着,翻滚着,恰似万条银蛇东奔西突,横冲直撞,刮得人足难迈,身难进,头难抬,眼难睁。

冰城的一场又一场大雪,笼盖万物,把冰城装扮成了"银世界,玉乾坤"。

24. 呼和浩特

　　蒙古敖包是蒙古文化的代表形式之一，在内地也家喻户晓，妇孺皆知。尤其是一首《敖包相会》的歌曲，使很多人都向往"风吹草低见牛羊"的大草原。

　　在无边的草原上，我们时时会看到大小石块堆积起来的巨大石堆，上面插有柳枝，此谓"神树"，神树上又插上五颜六色的神幡。巨大的石堆耸立在草原上，鲜艳的神幡如手臂般召唤远方的牧人。

　　敖包，又称"鄂博""脑包""堆子""石堆""鼓包"。《中华全国风俗志》中云"鄂博随处皆有，其形圆，其顶尖，颠立方角蒙经旗，其上下则埋哈达一方，粮食五种，银数钱，每年必一祭。"

　　敖包在蒙古人民心中是神圣的，没有人敢去冒犯。祭敖包是蒙古民族萨满教隆重的祭祀之一，庄严而崇高。我们衷心祝愿敖包给每一位蒙古人带来吉祥如意、幸福安康。

25. 深圳

　　位于深圳市盐田区沙头角镇的中英街，是由梧桐山流向大鹏湾的小河的河床淤积而成。1898 年刻立的"光绪二十四年中英地界"的界碑竖立于街心，将原沙头角一分为二，东侧为华界沙头角，西侧为英港界沙头角，故名中英街，至今仍有"一街两制"分界线的标志。中英街以其"一街两制"的独特政治历史闻名于世。不仅如此，中英街周围还有丰富的文化资源，比如中英街历史博物馆、界碑、古井、碉堡和警世钟等不同时期的人文景观，还有吴氏宗祠和老街古巷等民俗风景点。中英街是内地与香港经济文化交流的重要场所，还是购物天堂。走进中英街，历史的沧桑和现代的繁华扑面而来，别有一番风情。

26. 香港

　　谁说专业街只有广州独有？香港就有几条著名的专业街，如波鞋街、女人街、男人街、玩具街等。这些街的特点就是长长的一条街，卖的是同一类商品，而且商品琳琅满目，看得人眼花缭乱。

　　波鞋街是运动商品的集中地，不仅有世界知名的阿迪达斯、耐克、锐步等品牌的运动服装，体育用品和健身器械也应有尽有。

　　相比之下，女人街的商品更加光彩夺目，500 多个小摊，摆满各式物美价廉的商品，女人的服装、鞋、化妆品、首饰，还有内衣、袜子等，简直是女人的购物天堂。

　　在男人街上，有极富香港特色的印刷品，男人的服装、领带、手表、打火机以及各式各样的皮具等，可谓品种繁多，极具特色。

　　最受孩子们欢迎的就是玩具街了。这里完全是一个玩具的世界。从闪着红灯的迷你摇篮到"哈里·波特"的玩具模型,各类玩具应有尽有,完全可以满足孩子们的要求。

想知道今天的时尚和潮流吗?在香港,你可以感受到时尚和潮流的脉搏。

四、国外地理部分评述练习

1. 印度

印度是一个古老的国度,提起它,我们似乎马上能联想到古印度皇宫的金碧辉煌和袅袅神香,还能想到美丽的印度姑娘跳着婀娜的舞蹈,脑海中呈现一幅具有异域风情的画面。

我们常看到,印度妇女的额上会有一个红色的圆点,它有什么意义呢?这个圆点,印度人称为"贡姆贡姆"(komkom),一般译为"吉祥点"。吉祥点是为了显示印度妇女的端庄妩媚。在印度教里,妇女额上的彩点表明妇女的婚姻状况。印度神话中的女神也往往带有这个标志。在印度人的婚礼上,新郎给新娘的额上涂饰吉祥点后,婚礼才算完成。随着时间的推移,吉祥点演变成印度妇女的一种时尚标记。

2. 印度

印度是一个宗教王国,既有一神教,也有多神教。印度人民崇拜天神、地神,也崇拜神化的人、神化的动物。直至今天,动物的神化在印度仍是一种独有的文化。

印度最为显著的是对牛的神化。在印度人的眼中,牛即神。所以他们爱牛,敬牛,拜牛。印度人对牛的敬仰已有3500多年的历史。古代印度的王侯将相,有不少人自称"牛主"或"牛的保护人"。也许这与我们自称为"龙的传人"很相似。

如今的印度,神牛不再属于贵族。工艺品店中,牛的雕像众多,紫檀木的、黄杨木的、玉石的、陶瓷的,而且神态各异。印度的驾驶员也常将牛像供在驾驶室里,以求出入平安。

19世纪中叶,印度曾爆发了一次以牛为导火线的大规模起义。原因是驻印英军用牛油来涂抹炮弹。由牛引发的战争,这在世界史上还是绝无仅有的。

在印度,无论城市还是农村,牛好似一个"特权阶层"。就是在首都新德里拥挤的马路,"神牛"依然堂而皇之地闲庭信步,红绿灯对它也毫无约束力,连警察也奈何它不得。

印度对牛的崇拜,是一种图腾文化。远古的人类,面对大自然环境的艰苦和生存的困难,对强大的动物产生一种崇拜,常幻想自己的祖先与某种强大的动物发生"亲缘关系",相信自己身上具备某种动物的强大力量,因此产生了图腾文化。

牛作为印度的图腾文化,凝聚了印度的一种民族精神。

3. 印度

在印度的很多地方,种姓制度在名义上被废除了,但对社会生活的影响依然存在。婆罗门是最高阶层,他们自认为可以通神;刹帝利其次,是贵族;吠舍是一般商人和知识分子;首陀罗是苦力和奴隶。不同种姓,等级不同,而且不能通婚,不能有身体接触,甚至不能出现在同一场所。

12公里长的玛丽娜海滩,依傍着印度第四大城市马德拉斯。玛丽娜的长度居世界第二。在这里,我们可以看到,没有种姓等级区分的情景。

在海边,贵妇们提起她们的莎丽,把脚泡在水里;年青的情侣,坐在海滩上谈情说爱;有文化的人在海边看书;孩子们尽情地玩耍;农民们把牛牵到水里,让牛饮水,给牛洗澡;渔民们在这里打鱼;工人、流浪者来这里洗浴。由于地理环境、文化经济的发展不同等原因,马德拉斯地区的种姓不平等没有了。这使得玛丽娜海滩成为穷人和富人、高种姓和低种姓、印度教徒和锡克教徒可以共处的地方。

玛丽娜海滩是印度平等的海滩、祥和的海滩、进步的海滩。

4. 俄罗斯

俄罗斯诗人叶赛宁曾说:"假如来自上天的声音向我召唤,抛弃俄罗斯吧,你将会在天堂生活! 我会回答:'我不需要天堂,我只要我的祖国。'"他以一个平民和普通人的视角表述了俄罗斯人对祖国的爱,同时也流露出了俄罗斯人的坚定。这种坚定被莫斯科、被红场、被克里姆林宫、被历史证明着!

1941年11月7日,十月革命胜利27周年纪念日,德国法西斯重兵包围莫斯科,斯大林站在红场上,挥手检阅英勇的红军方阵。随着隆隆的坦克声,战士们高呼着"乌拉",从这里一直开往前线,在枪林弹雨中前赴后继,一直打到柏林。战争是残酷的,它让苏联付出了2000万人生命的代价。然而,英雄之火永远在克里姆林宫的墙下无名烈士墓前燃烧。透过跳动的圣火,可以看到,无名英雄墓上刻着"你的名字无人知道,你的功名与世长存"的字样。这就是苏联人民对英雄的纪念。卫国战争也是苏联人民以坚韧不屈的品格,谱写出的一段震撼人心的历史。

在1991年12月25日,这个看似平常又不平常的圣诞节,历史似乎和当时的苏联开了个不小的玩笑。戈尔巴乔夫在电视台以不安的情绪"宣布辞职"。他说"苏联在他的带领下,失去了出路"。几乎与此同时,在克里姆林宫飘扬了47年的苏联国旗,在暮色与飞雪中缓缓下降。

人们以为苏联完了! 俄罗斯完了! 红场完了!

当时间继续向前奔驰了10多年后,我们发现,事实并非像当时人们想象的那样。

因为坚强的俄罗斯人还在,莫斯科还在,红场还在,俄罗斯早已度过了经济困难时期,它照旧在迅速地发展,仍然是世界强国。

"假如来自上天的声音向他们召唤,抛弃莫斯科吧,你们将在天堂生活!"我们相信他们会回答:我们不需要天堂,我们只要祖国!

5. 莫斯科

莫斯科原是"沼泽和密林"的意思。最早出现在15世纪,是商贸洽谈地。后来卡达尔大公修了一些建筑,被称为"白色石头城"。16世纪,这里成为烈火广场,是最大的贸易中心,也是行刑的地方,后来改名为"红场"。

莫斯科如今仍被森林环抱。市内有800多处街道公园,98个大公园,绿化面积达40%以上,是一座非常美丽的城市。

莫斯科也是一个文化城。列宁图书馆是世界上最大的图书馆之一,莫斯科人平均每天读书一个小时。

莫斯科地铁,可以说是交通与艺术的完美结合。它是1935年建成的,有各种风格,全部是大理石墙壁,灯光明亮,成辐射形,非常壮观。它共有八条线路由城中向郊区放射,承载莫斯科一半的客流量。地铁墙上挂有科学家、文学家、艺术家的巨照,更增加了文化氛围。

莫斯科有28个歌剧院,23个话剧院。莫斯科大剧院是世界有名的大剧院。如果说莫斯科是文化艺术的世界,莫斯科大剧院就是这世界里的一颗明珠。

莫斯科人看戏听音乐,他们认为是一种高级享受,进剧院很注意自己的服饰,而且从不迟到早退,在剧场内不喧哗,非常有教养。既懂得尊重自己,也懂得尊重他人。

总之,莫斯科是一座文化之城、恢弘之城、内涵之城。

6. 圣彼得堡

圣彼得堡位于芬兰湾东部涅瓦河口的42个岛屿上,由300多座桥梁连接。它的河流岛屿与桥梁的数量,均居俄罗斯之冠,有北方"威尼斯"之称。

1703年,彼得大帝在涅瓦河三角洲的兔子岛上,建立了彼得保罗要塞,后来逐渐扩建为之后的圣彼得堡。

圣彼得堡已有300余年的历史,风景极其秀丽。有1000多处保存完好的名胜古迹,包括548座宫殿,32座纪念碑,137座艺术园林,还有大量的桥梁塑像。这些18世纪早期的建筑,具有巴洛克风格。18世纪后期的建筑有莫尔尼宫、冬宫、大理石宫等。

圣彼得堡曾三易其名。1703年至1914年称圣彼得堡。1914年至1924年更名为彼得格勒。1924年列宁逝世后,改名为列宁格勒。1991年后又恢复成圣彼得堡。

圣彼得堡是一座见证了历史变迁的城市。虽几经风雨,却保留了它独有的光辉,而且在历史的史诗中,灿烂而隽永。正如俄罗斯人所说:"如果你没去过圣彼得堡,就等于你没去过俄罗斯!"

7. 伦敦

伦敦是一座有2000多年历史的古城。白金汉宫是世界四大宫殿之一。莎士比亚剧场,至今仍保持当年演出莎士比亚戏剧时的原形(剧场顶棚是用茅草覆盖的,没有现代化的灯光,只能白天演出)。伟大的文学家狄更斯的故居、达尔文宣读论文的地方都保持了原样。说明伦敦人对自己文化的看重。

另外,在伦敦你还会惊奇地发现,伦敦电车仍是有轨电车,1958年建筑的大本钟照旧在运转。这一切,不能不让人想到英国人的守旧。

英国人有一种绅士风度,男士彬彬有礼,不形于色。因此,就很难让人理解,那令人头痛的足球流氓却是英国人为最。曾风靡世界让很多人不能接受的迷你裙,最早却出现在伦敦。

所以,我们不能不说伦敦是一个古老与现代、保守与开放、制约与宣泄交汇的城市。如果把伦敦比作女人,应该说她是一个"徐娘半老、风韵犹存"的妇人。

8. 伦敦

提到伦敦,我的脑海中就会浮现这样一幅画面:一排排的烟囱上布满了黄色的烟雾,伦敦被黄色烟雾笼罩其中。

随着蒸汽机的发明,珍妮纺纱机的推广,工业革命来了。随着工业革命的到来,整个伦敦沉浸在了机器的轰鸣声中,伦敦被插上了一排排的烟囱,戴上了黄色烟雾的帽子。当时,伦敦的上空变得不再晴朗,环境变得污浊不堪,黄色烟雾使很多伦敦人患上了各种环境疾病,致使4000多人死亡。于是,伦敦人很快就意识到了这种危害。他们将那些插有一排排烟囱的厂房搬到了郊区和临近的卫星城市,并采取了一系列措施去改善环境。

现在的伦敦,当我们身处城市之中时,抬头看见的是晴朗的天空。当我们漫步于街头时,嗅到的是清新的空气。伦敦人很清楚,他们不需要黄色的雾,他们需要的是一片清净。

9. 法国

说起法国,人们很自然地就会想起那座耸立于巴黎市中心战神广场上的埃菲尔铁塔。它是为了迎接在巴黎召开的世界博览会而于1889年修建的,它的诞生不仅标志着一个全世界最高建筑的耸立,更标志一种全新技术的突破。因为在当时,用铁建造一个这样的庞然大物还属首次。

埃菲尔铁塔高320.7米,是当时世界上第一个超过300米的建筑。在巴黎的民间,流传着这样一种说法:只要能爬到埃菲尔铁塔的最顶端,呼吸一口新鲜的空气,就能治好你的麻疹。可见人们对铁塔高度产生的神奇感觉。

铁塔设施齐全,有咖啡馆、网球场、美发厅等。当然,人们攀登铁塔主要是为了欣赏巴黎的美景。铁塔共分三层,每层都设有眺望台。在最顶层的眺望台,可欣赏整个巴黎的风光。

在铁塔刚建成的时候,很多人感觉这堆钢铁与巴黎整个城市建设很不相称。而今天,埃菲尔铁塔却成了巴黎乃至整个法国的标志和骄傲,因为它最能证明法国人的创新精神。

10. 法国

法国作为世界香水之国,以其精湛的香水工艺,博得了人们对法国香水的喜爱。追溯历史,香水文化在法国的兴起,并非是锦上添花或是追求更上一层楼,而是因为那时的法国人没有经常洗澡的习惯。又因为当时淋病流行,人们不敢到公共浴室洗浴,所以身上异味刺鼻,于是香水作为一种"除臭剂",受到了人们普遍欢迎,香水也就应运而生。

据说,拿破仑酷爱各式各样的香水,并达到走火入魔的程度。他对法国化学工业一直非常重视和支持,使得法国化学工业发展很快,曾达到世界领先水平,自然香水制作也达到了顶端。

不论在哪里,提到法国,人们自然会想到,法国的浪漫、法国的服饰、法国的建筑、法国的文化、法国的足球等,但也不能不提到弥漫在这一切中间的法国香水。

一样物品得到全国人民的接受时,它的发展是突飞猛进的。受到领袖人物重视时,它的发展就更加迅速了。

11. 意大利

意大利人有一种习俗,那就是在新年的前夜,随手将自己用过的东西扔出,大到电视机、电脑、微波炉,小到鞋子、毛巾和牙刷。他们从不在乎扔了什么,而是相信旧的不去,新的不来。总希望在新的一年有新的气象、新的开始,有好的运气。

意大利最著名的比萨饼,当初是一个厨师做面包时,无意间将面和稀了,在无法收拾的情况下,干脆把菜和肉放进去一起烘烤,没想到,出炉时美味无比,成为今天风靡世界的美食。

比萨斜塔是世界有名的建筑之一,它之所以能吸引游客就在于它的倾斜。其实,比萨斜塔在初建时,是出现了计算错误,建好就倾斜了 2.1 米,意大利人将错就错,就叫它斜塔。现在斜塔已倾斜了 5.2 米,仍然卖 12 欧元一张的票,让世界各地的游人上去参观。

俗话说"有心栽花花不开,无心插柳柳成荫"。意大利人正体现了这种顺其自然、随遇而安的处世哲学和民族性格。

12. 意大利

在欧洲的五大联赛中,若论防守的坚固,首推意大利足球队。在全世界所有国家队中,若谈到防守能力,意大利足球是无可争议的折桂者。

意大利球队的铜墙铁臂,曾让多少支攻势猛烈的球队望而兴叹,曾让多少支无坚不摧的利箭铩羽而归。

但是防守终究是有漏洞的,面对巴西、荷兰等一些具有超强攻击力的球队,意大利人的后防线往往就成了漏球的筛子。

其实,论防守,巴西、荷兰都无法与意大利相比,但因为他们是不断地向目标发起进攻,而不是消极地等待他人进攻,所以往往能取得胜利。

所谓最好的防守是进攻。在我看来,与其等待生活给予你压力,不如主动向生活、向困难、向目标、向成功进军!

13. 西班牙

西班牙每年的 10 月 17 日、18 日,是"妇女执政日",也叫"妇女殉难日"。传说在 1286 年,外来侵略者进攻西班牙,在战斗中杀死了西班牙的大部分男人,整个西班牙国土就要沦丧。这时候,西班牙妇女站了出来。面对来势汹汹的侵略者和士气低落的同胞们,她们呼吁所有人都来反抗侵略,保卫国土。经过一场激烈的战斗,西班牙人民终于战胜了外来侵略者。但是,有许多妇女在战斗中牺牲了。因此,每年的这两天,西班牙的妇女们就会选出各个城市的市长。在女市长的带领下,管理城市。同时,妇女们搬动胜利女神雕像,向男人们守护的教堂前进,以此纪念那些在战斗中牺牲的妇女,也象征着妇女从男人手中接过国家的权力。

今天的西班牙已发展成繁荣的国家。然而,面对历史,西班牙妇女的这种精神,使我们肃然起敬,也令我们为之感动和思索。

14. 希腊

雅典奥运会筹备时期,面对工程不理想的情况,曾有人戏谑地称:"看到你们的建设效率,我才知道为什么当年的特洛伊战争打了整整十年。"但希腊人用他们精彩的开幕式折服了所有的人。

在开幕式上,他们用一种简约而清晰的方式,表达了他们对生命的理解。而后面的一系列人形雕塑,则更让人明白了美的含义。所有演员全身涂满白色,在一条传送带上缓慢而优雅地摆出各种造型。这样壮观而优美的形象,不禁让我们想到了希腊人对神的定义——只是比人更高、更快、更强;也不禁让我们想到了庄严的雅典卫城,那每一块砖头上,记录了多少历史的变迁。同时,也让我想到了静穆的雅典娜神殿,那持盾而立的塑像中,有多少伟大的思想。

雅典开幕式,无疑是一个文化的盛筵,它向我们展示了一个伟大的民族,讲述了一段美丽的历史。

15. 瑞士

提起瑞士,人们首先想到手表、银行、军刀。其实,有一段时间,瑞士最有名的是瑞士的雇佣兵。

瑞士虽不参战,但他的雇佣兵却往往在第一线,血洒疆场。更让人触目惊心的是,杀害他们的却是自己的同胞!因为他们受雇于交战双方。

今天,瑞士除了在罗马教皇那里还派有少数士兵,在其他任何地方都早已没有雇佣兵了。这是血泊中的教训,耻辱中的自省!瑞士再不参战,成为了中立国。

近百年来,瑞士在政治上没有出现铁腕人物,瑞士本土也没有丰富的资源和矿藏,但它却成了世界上让人向往的地方,成了世界人才和巨额资金的集聚地。这不能不说是免除了战争后,"中立"给它带来的益处。

16. 奥地利

维也纳在世界上享有"世界音乐名城"的美誉。18世纪这里是欧洲古典音乐,即"维也纳派"的中心。19世纪又成为舞蹈音乐的主要发源地。

维也纳坐落在阿尔卑斯山北麓的维也纳盆地中,多瑙河穿过市区,维也纳森林伸展在城市西郊,风景如画。

音乐与维也纳的渊源深远。贝多芬、莫扎特、舒伯特、舒曼、勃拉姆斯、瓦格纳、约翰、施特劳斯等著名音乐家都在此工作生活过。维也纳也保存着许多世界著名音乐家的故居和遗迹。

轮街,是维也纳最主要的街道,不少大音乐家的雕像就耸立在这里。贝多芬像在一个广场中央,这位德国伟大的音乐家,17岁就来到维也纳,曾创造出《英雄交响曲》,表达了他憎恨专制暴政,热爱民主自由的进步倾向。莫扎特像位于皇宫花园中心,才华横溢的他只活到36岁,而他生命的三分之一的时间,是在维也纳度过的。

伟大的艺术家们虽然已经离开了人世,但不朽的艺术作品却永远回荡在维也纳湛蓝的天空。奥地利金色大厅里音乐的旋律属于全世界。

17. 加拿大

世界上美丽的山脉很多,但没有一座可以和落基山相比,那里的峰峦、冰川、瀑布、山涧、温泉、森林都是原始而美丽的。

有人说,加拿大的落基山是一座可以膜拜的神庙。因为只有在这里,你才会感到造物的神奇、天地的广阔和自我的渺小。落基山少有人烟,你可以享受独处的清幽,享受与大自然亲近的乐趣。

落基山四季阳光普照,气候宜人。春天山谷一片新绿,百花盛开;夏季郁郁葱葱,凉爽宜人;秋天满山枫叶,层林尽染;冬天白雪皑皑,冰清玉洁。四个季节各有不同。但不论是哪个季节,湖泊、河流、瀑布、温泉、冰川都有一种大自然的静谧和肃穆。

落基山是世界上少有的几处没有被污染的地区之一,也许是这里的人们感激上帝的赐予,格外地爱护和珍惜这块圣地。哪怕天灾引起森林大火的时候,人们也不用灭火器,因为他们不忍心将一点点化学物质残留在这里,宁愿让林火自生自灭,也要保持它的天然纯净。

在落基山的公路上,经常有野生动物穿越,这时你会看到很多车停下来给动物让路。人们对动物有一种发自内心的热爱和关怀。在这里,人们真正成了动物的朋友。

正是因为人们对落基山的保护,才使得这片土地保留了大自然最初的面貌。因此,它也成了人们舒展身心、释放自我的最好地方,它给了人们最好的回报。

18. 纽约

纽约是一个自由的城市,是一个让你哭、让你笑的城市,是一个痛苦和欢乐并存的城市。这里有来自世界各地各个种族的人,他们在激烈的竞争中生活着。正如有人说:"假如你能在纽约成功,你在哪里都能成功!"

纽约是世界上最现代化、最发达的城市。一到纽约,首先映入眼帘的就是直入云霄的建筑。当你走遍城区,又会意外地看到,这里还有乔治王朝、新古典主义风格的建筑,有的还融入了文艺复兴时期建筑的特点。

纽约是美国的金融贸易中心,纽约的华尔街操纵着美国的经济命脉,影响着全球经济。世界经济巨头在这里活动,因此华尔街也是财富的象征。摩登购物广场也是纽约有名的地方,这里出售全世界最时尚最华贵的商品,连英国王室也来这里采购。

的确,正如刘墉先生所说:"纽约是最好的和最坏的,最香的与最臭的,最光明的和最黑暗的,最精美和最粗俗的完美结合。"

纽约就像一张不协调的画,设想如果它协调了、完美了,也许就失去了它的魅力、它的个性、它的与众不同,那也就不是纽约了。

19. 夏威夷

每年有 700 万人到夏威夷。有的人是去威基基海滩游泳,有的人是去大风口一览夏威夷的所有风光,有的人是去村落看草裙舞,而更多的人则会去亚利桑那纪念馆凭吊。

1941 年 12 月 1 日,日本空军偷袭了正在熟睡的珍珠港美军士兵。经过激烈的交战,无数美军士兵葬身于海底。这就是二战中著名的"珍珠港事件"。

为了悼念牺牲的美军士兵,人们在珍珠港事件中被炸沉的亚利桑那号军舰的上方,建成了亚利桑那纪念馆。设计者别具匠心地把这个建筑做成镂空弧线长方形,从地面和海上看,它如一个悬空的白色棺木;从天空俯瞰,它和沉没在海里的亚利桑那号军舰构成了一个巨大的立体十字架。纯白建筑的中央,高高地飘着美国国旗,壮观、肃穆。

很多游客来到纪念馆,追忆他们的家人、朋友,而更多的人则是向众多牺牲的英雄献上他们的敬意。忘记历史就等于背叛。我们相信,站在纪念馆中,想起那一个个炮弹轰轰作响,看到那一个个年轻生命倒下,流泪的不只是美国人,而是世界上每一个爱好和平的人。

20. 夏威夷

马克·吐温说:"夏威夷是大洋中最美丽的岛屿,是停泊在海洋中最可爱的岛屿舰队。"可见,夏威夷的风光是多么迷人。

在夏威夷,坐船可观山,爬山可见海。

夏威夷有不同种族的聚合,平均三个人就有一个混血儿。尽管如此,当地人却保留下来了他们极具特色的"草裙舞"。

"草裙舞"是从古代敬神仪式而来。传说第一个跳"草裙舞"的是风神拉卡(有的也说是舞神),她跳给姐姐火神佩莱看,佩莱非常喜欢这个舞蹈,激情满怀,于是她就用火焰点亮了整个天空。从此,"草裙舞"成了向神表达敬意的舞蹈,也有人称它为"打开心灵之门"的舞蹈,又称为"呼啦舞"。"草裙舞"分许多种,常见的有"卡希科草裙舞",它更侧重传统,"奥瓦纳草裙舞"则更注重时尚和追赶潮流。

最早,夏威夷男女都跳"草裙舞"。跳舞时,男性只缠一条腰带,女性不穿上装。后来,当第一批传教士来到夏威夷时,被"草裙舞"这种暴露的装束吓坏了,被这种性感的舞姿和动作惊呆了。于是,他们对"草裙舞"反感至极。"草裙舞"就被禁止了。

"草裙舞"毕竟是当地老百姓自己的舞蹈,是老百姓喜爱的舞蹈,是具有当地特色的舞蹈,所以被老百姓秘密地保留了下来。

1847年卡拉考国王执政,立即恢复了这种传统的舞蹈,但要求跳舞的人穿上长裙,女性一定要穿上装。

夏威夷的夜晚,月光如水,凉风习习,景色如画。椰林中吉它声声,草裙随着腰肢颤动,那金色的裙摆摇来荡去,不禁让人想到生命的动人、生命的美丽。

21. 澳大利亚

如果想在夏季过圣诞节,可以去哪个国家?回答是,可以去澳大利亚,因为它在南半球。

澳洲四面临海,有很多美丽的自然风光,景点数不胜数,比如黄金海岸、大堡礁等。澳洲还有许多土著人,他们是这块土地上最早的居民,他们的特色文化让人感到神奇,诱人探索。

澳洲有许多天然游泳场,每当节假日,游泳场就围满了人,他们不仅享受阳光和海风,还享受与大自然挑战的乐趣。孩子很小的时候,就被父母带到游泳池,练习怎样与水搏斗。父母希望自己的子女能战胜面临的一切困难,成为生活的强者。而年轻人更是勇敢地走到大海中去,享受冲浪带来的乐趣。正是有了这样的挑战精神,才有了澳大利亚人在赛场上那种努力拼搏和面临挑战不可动摇的自信。

澳大利亚不仅是一个风景美丽的国家,更是一个精神富足的国家。

22. 澳大利亚

澳大利亚是唯一一个领土覆盖整个大陆的国家。这里有闻名世界的建筑悉尼歌剧院,它被称为"澳洲之莲",远远看去又像层层白帆。还有神秘的土著文化,他们所供奉的方柱人形图腾,让人感到古朴、神圣。而那辽阔无边的绿色草地和树木,不能不让人想到澳洲特有的动物——考拉。

考拉是一种非常可爱的野生动物,它长着一张小小的线条柔和的脸,一只黑油油的鼻子,一双圆圆的眼和毛茸茸的短耳朵,加上一身又厚又密的灰色毛皮,显得憨态可掬、滑稽可爱,像个乖乖的小孩子。考拉只有60厘米高,四脚比较短小,尾巴已经逐渐退化成一个"坐垫",所以它能长时间坐在树上。它跟袋鼠一样,都属于有袋动物,但它的口袋是朝后的,因此我们经常会看到,考拉妈妈背着它的孩子,睡在树上。它们每天要睡20多个小时,远远看去颇为温馨。考拉是不喝水的,因为它们吃的桉树叶中含有大量的水分。

近年来,市场上出现了许多考拉毛绒玩具,深受大家的喜爱。看来,澳大利亚的考拉受到全世界人民的喜爱。

23. 日本

日本是一个美丽的岛国,它的历史可以追溯到公元7世纪。著名的富士山,终年积雪,是日本民族的象征。

日本国土面积很小,但它却是世界发达国家之一,因为这个民族是一个善于不断学习的民族。日本人很喜欢读书看报,他们看书的时间很长,平均每人每天看书时间达50分钟。很多上班族在上下班的地铁或公共汽车站阅览书报杂志,了解新闻信息。日本20岁以下的青少年平均每人每天读书43分钟,30多岁的人平均每人每天读书50分钟,40多岁的人平均每人每天读书60分钟,50多岁的人平均每人每天读书82

分钟。平均每月每人逛书店 5~9 次。

看到这样一组数据，我们是否有些惭愧呢？日本之所以成为先进的国家，与他们热爱学习，不断接受新的信息，研究新的课题，创造新的成果是分不开的。对于一个国家和民族，知识积累、知识开发是多么重要啊！

24. 非洲

非洲最早没有国界，拥有广阔的沙漠和草原，多是游牧民族。被殖民主义奴役后，90%的国界线是以地球的经纬线来划分的。非洲大陆国家，多在 19 世纪 60 年代后建国。

非洲 80%的人住茅草房。这种房子四周用木柱支起，围上藤草，糊上泥沙，室内有各种图画。这种房舍已有几千年的历史。

非洲有著名的莫克文化。最早发现的是陶像，大约是公元前 5 世纪到公元 10 世纪的物品，它表达了远古时期非洲作品的写实主义及当时成熟的农业社会村落。该村也叫莫克村。

非洲的鼓也非常有特色。它是由工匠设计制作的，属个人所有，除个人外任何人不能动用。鼓可以敲打出诗歌、颂词、语言，以此来传递信息，称"鼓语"。鼓的各种节奏都是发自内心的，表达灵魂的渴望，听了让人震动。

非洲的"布鲁斯"音乐，也叫"蓝调"音乐，是即兴演奏，旋律反复，歌词也即兴，所以能很真实地表达一个人的情感。当然，"布鲁斯"音乐现在已流行于全世界。

东非大裂谷是地球的伤痕，因此形成了天然蓄水池，它被称为广袤草原的人间仙境。

非洲是世界第二大洲。考古证明，200 万年前，非洲已有了石器，尼罗河及尼利尔河流域很早就出现了人类的文明。所以，非洲有从猿到人的全部化石，还有至今仍是不解之谜的众多的巨大人头雕像，其中斯芬克斯雕像是人类的奇迹。

在 20 世纪 60 年代后期，非洲有些国家发展很快。目前，非洲是投资回报率最高的国家，非洲有丰富的资源，一旦开发，定会给非洲带来财富，带来发展和进步。

25. 非洲

死海是地球最低点，低于海平面近 400 米。死海没有出海口，现在海水还在迅速蒸发，因为它的气温高达 50 度。海水中含有大量矿物质，喝一杯死海海水，可致人死命。但死海有很大的浮力，因为水的密度高，有大量的盐分，漂浮物能很快结上盐块（实际上是氯化钠）。死海的黑泥涂抹皮肤，可以起到治疗作用，所以这里是大型康复疗养地。黑泥还可做化妆品、香皂等。

2000多年前的基督教时代,死海气候很湿润。地层大裂谷造成了灾难,有许多城市在死海毁灭。考古学家在死海洞穴里,找到2000多张羊皮写的古卷,因气候干燥,没有腐烂。古卷证明,佩格拉城已消失1500多年,是纳巴皮阿人建立的。它曾经有自己的宗教,是沙漠中的贸易城,但它却抵不过大自然的变迁,与其他城市一样,被大自然吞没了。

羊皮古卷的发现,是20世纪最有价值的发现,它为研究和认识非洲提供了可靠的依据。

五、历史评述练习(东周、秦、西汉、东汉)

1. 齐灵公废止女着男装

我们走在街上,常会看到一些女孩穿着男士服装,既时尚又个性,女孩穿男装其实在春秋时期就曾流行过。

在春秋时期的齐国,齐灵公喜欢看女子穿男装。为了讨好他,宫中所有的妃子、宫女一起脱去裙子,换上了男装。不久,齐国的女子纷纷效仿,也都穿上了男装,并形成了一种风气。

可是这也招来了不少麻烦。比如征兵的时候,男女穿一样的衣服,地方官们分不清男女,很是头痛。齐灵公也感到因此带来的不便,于是下令禁止民间女子穿着男装,如有违抗者,就撕碎她的衣服,再割断她的腰带。可是过了好久,这种风气丝毫没有改变。齐灵公便请教晏子,晏子说:"只要大王禁止了宫中女着男装,那么老百姓就会改过来的。"果然,按照晏子所说的,没有半个月时间,女着男装的风气就完全没有了。

这是一个很有趣的故事,从中我们不难看出,所谓"上行下效"的道理。

2. 孙武训练女子军队

我国历史上,第一支训练有素的女子军队的教官,就是东周时期的吴国的孙武。

相传,孙武被推荐给吴王。吴王和孙武促膝长谈了整整一夜,吴王非常钦佩孙武的军事才能,但口说无凭,于是想通过实践来印证一下,就决定让孙武把后宫的嫔妃整顿成训练有素的军队,以此来测定孙武的练兵才能。

后宫的嫔妃整日歌舞升平,一听说要练兵,个个笑得前仰后合,而且在训练的过程中嬉笑打骂,带头闹得最凶的就是吴王最宠爱的两个妃子,所以大家根本不听孙武的调遣。孙武三令五申,她们仍不遵守军纪。为了严明军法,孙武下令将吴王最宠爱的两个妃子处死!吴王刚想求情,孙武便说:"将在外,军令有所不受。"仍然杀了那两个妃子。后来,嫔妃们再也不敢造次。经过严格的训练,这些后宫的女人们果然成了一支训练有素的队伍。

训练军队需要军法军纪,而不管做什么事情都需要有规矩。俗话说得好,"没有规矩,不成方圆。"要想成方圆必须受规矩的制约,其中就是这样一个道理。

3. 农民的出现

在我国历史上,"农民"是什么时候出现的?春秋时期,从鲁国开始,西周形成的井田制在各国逐步瓦解,劳动者被迫劳动的局面得到了改善。一些贵族把公田转化为私田,采取了新的剥削方式,那就是种田者把大部分产品交给地主,小部分产品留给自己支配。这样就使当初完全被迫劳动、一无所有的人有了自主性,有了支配自己产品的权力,因此有了劳动的积极性,从而促进了农业发展,提高了农业生产力。奴隶主与奴隶的矛盾缓解了,奴隶主与奴隶的关系也转变成封建地主与农民的关系,过去的奴隶成为农民,农民就是这个时期出现的。

从古至今,农民都占据很重要的地位。只有解决好农民问题,社会才会稳定;只有解决好农民问题,经济才会有更快的发展。

4. 赵奢执法

赵奢是战国时期的一员大将,他计谋过人,作战勇敢,是一位常胜将军,因战功赫赫,被赵惠文王封为马服军,官列上卿。

赵奢原本是一个普通的收取田税的小官吏,但他对国家一片忠心,对工作一丝不苟。收税时,大公无私,一视同仁。有一次,他来到赵惠文王之弟平原君赵胜家收取田税,赵胜的管家仗势欺人,戏弄赵奢,拒付税款,但赵奢不畏权势,毫不客气,十分果断地照章办事,还按照赵国法令,杀了那些无端闹事的人。

通过这件事,让我们联想到很多成语,如"尽职尽责""一视同仁""廉洁奉公""一丝不苟""执法如山""全心全意""大公无私""秉公办事"等。如果这些成语能牢记在我们的国家公务员心中,并能贯彻到工作中去,相信整个国家会运转得更好。这就是历史上赵奢执法给我们的启示。

5. "秦"字的由来

传说汉字是我们的祖先仓颉所造的。但仓颉所造的字数量有限,后人不得不造出更多的字来满足需要。

嬴政统一中国之后,不知该立什么国号。当时的秦写作"琹",秦始皇心中不悦,因为他觉得一国不能有二王。于是,他决定,要再造出一个字来,代替"琹"字。一天,他问手下:"开天辟地以来,谁的功绩最大,史书上可有记载?"有一官员答到:"全都记载于《春秋》当中。"嬴政听后很高兴,说:"既然《春秋》是记载功绩,寡人德及三皇,功高五帝,那我就占春秋各半来作为国号吧。"于是,他提笔写了一个"秦"字。众人一看,果然是取"春""秋"各半,都称赞他才智过人。嬴政即改国号为"秦",自称秦始皇。

汉字不仅代表一个意思,还含有造字者的智慧和意图。四四方方的一个汉字,也许背后就有一个故事。中国的文化博大精深,研究中国的文字,也会给你带来不少的知识和无穷的乐趣。

6. 孟姜女的传说

相传,在秦国有一对姓孟的老夫妇,他们无儿无女,就在自家院子的墙边种下了葫芦,老两口像呵护儿女一般培育着葫芦。小葫芦越长越大,有一天竟长到了邻家的院中,邻家姓姜,见到葫芦甚是喜爱。终于葫芦成熟落地,"嘭"的一声,竟从中蹦出一个面目清秀可爱的小姑娘。孟家和姜家都喜爱她,就给她起名叫"孟姜女"。

孟姜女长大了,不仅美丽而且能干,十里八村都知道她。一天,孟姜女正在院中做女红,忽然听到院外有野兽的叫声和咚咚的跑步声。正在猜想,突然一个大汉站在了孟姜女的面前。他身材魁梧,面目英俊,孟姜女完全被他吸引住了。这个人就是孟姜女后来的丈夫万喜良。两人相爱,很快喜结良缘。婚后三天,万喜良就被抓去修长城,一去就是三年。孟姜女思念丈夫,便带上做好的棉衣来到长城脚下看望万喜良。她找了很久,才从同乡那里知道,丈夫在一年前就累死了。孟姜女三天三夜痛哭不止,竟哭倒了八百里长城!

孟姜女是一个传说,但长城却是真实的存在,它给当时百姓带来的痛苦是难于言表的。万里长城可以说是万里白骨堆积而成的,它是中国劳动人民的血泪筑成的,是劳动人民劳动的结晶,所以它是中华民族的象征。

7. 秦朝的血泪历史

秦朝的历史是与血泪分不开的,当我们今天回溯这段历程时,仍能嗅到隐约的血腥味。中国历史上第一个大一统的王朝——秦,是从一片猩红中走来的。

谈起秦朝,要提到两件事。第一件事是秦与六国最激烈的战斗——函谷关之战。六国合力攻函谷关,当六国兵将正在关外踌躇之时,秦兵开关杀来。趁六国兵士慌乱之际,秦军重挫六国士卒,死者无数,尸横遍野,血可浮橹。这是一场历时不长但死伤惨重的战斗,也是秦王朝建立之前关键的一战。

第二件事便是秦王朝建国后,嬴政为了实现其野心,满足其欲望,更加横征暴敛,搜刮民脂民膏,修阿房宫,修始皇陵,修长城,修直道(从咸阳直通九原城)等,其中都伴着老百姓的血和泪,结果搞得国库空虚,民不聊生。这就迫使陈胜、吴广揭竿起义,不仅数万民众参加起义,而且连贵族也参加了起义。经历短短四年时间,刘邦攻进了咸阳城。

秦王朝是短暂的,区区几十年。它是在杀戮中建国的。建国后对百姓残酷地压榨。最后在漫天义旗中结束。一个伴着血雨腥风的王朝，必定是短命的王朝。

8. 李斯与《谏逐客令》

"秦王扫六合，虎视何雄哉"。在波澜壮阔的春秋战国群雄争霸之后，秦王嬴政独具慧眼，以不凡的谋略、强大的军事力量和铁腕政策，横扫中华大地，一统江山，成为中国第一位皇帝——秦始皇。然而，国无良才则亡，房无良柱则倾。秦始皇能成就大业，身边最重要的智相就是李斯。

当时，韩国派出奸细郑国入秦，想借修水利为名，耗费秦国国力，使之不能攻打韩国。秦始皇不知内情，就令郑国修一条渠，从陕西泾阳县西北，引泾水向西到焦泽作为渠口，沿北山南麓，引水向东伸展，经三原、富平等县，在大荔县东南注入洛水。这项工程极为浩大，耗时长，需要大量人力、物力、财力。当工程进行到一半时，秦始皇发现了郑国的底细，一怒之下，颁发了《逐客令》，规定凡是在秦国的客卿，一律驱逐出境。

重臣李斯也在被驱逐的名单中，他只好离开咸阳，虽在途中，但心仍不死，苦思冥想之后，写了一篇《谏逐客令》，转呈秦始皇。

这篇文章引古喻今，他说，昔日秦穆公求贤若渴，从不问国籍，从西方犬戎得到由余，从楚国买来百里奚，从宋国迎来蹇叔，从晋国得到丕豹、公孙之。正因为有了这些能臣，秦国才得以强大。他高瞻远瞩地指出：物品不产于秦，可珍贵的却很多；贤士不生于秦，而有意尽忠者却大有人在。现在逐客以资敌，损民以益仇，致使国内空虚，国外树仇怨于诸侯，这样要想求得国家没有危险，是不可能的。

正是这篇言辞铿锵、有理有据的《谏逐客令》，使嬴政回心转意，恍然大悟，立即撤销了逐客令，召回了李斯和众客卿，并继续让郑国修渠。最后，用了十年时间，终于修成了300多里的郑国渠，使关中四万亩土地得到灌溉，形成了稻花飘香、沃野千里的景象。

李斯的《谏逐客令》及时纠正了秦王的一次重大失误，为秦国继续引用人才起到了关键的作用。

由此可见，人才的重要。"泰山不拒土壤，因此成其大；河海不择细流，故而就其深。"所以，英雄莫问出处。而秦王嬴政，正是接受了李斯的进谏，"不问出处"才得英雄，才使秦国更加富足强大。

9. 王昭君

古人认为，美人应以玉为骨，雪为肤，花为貌，月为神，杨柳为姿，芙蓉为态，秋水为眼，诗词为心。由此可见，美人应该是秀外慧中、内外兼修的。

中国历史上有四大美人：貂蝉、西施、王昭君、杨玉环。然而，貂蝉迷惑董卓，挑拨吕布；西施色诱夫差，葬送了吴国；杨玉环更是"回眸一笑百媚生"，让唐玄宗神魂颠倒,使得"从此君王不早朝"。因此,其中真正值得人民怀念的就只有王昭君。

西汉时期,匈奴频频侵犯汉朝边境,百姓受尽凌辱。而当时西汉百废待兴,没有足够的力量攻打匈奴。所以,为了缓和与匈奴的矛盾,汉朝朝廷只有用美女去和亲,换回休养生息的时间。

当时,匈奴单于呼韩邪又向汉元帝求亲,于是汉元帝决定,在皇宫中选一名女子前去和亲。后宫的女人们个个胆战心惊,害怕选中自己。她们不愿远嫁匈奴,远离家乡,再难与亲人相见。而且塞外人烟稀少,又是苦寒之地。正在这时,后宫有一名女子站了出来,表示愿意去和亲,她叫王蔷,也就是王昭君。

后宫选妃都要由画师画像,然后送给皇帝挑选。当时的画师叫毛延寿,后宫的女人们都给他塞礼物,以求他把自己画得漂亮一些,免得流落塞外。而王蔷不愿意送礼,因此,画师毛延寿不仅把她画丑了,还在她的画像上多点了一颗痣。当汉元帝看到画像,又听说王蔷愿意去和亲时,立即就同意了。

当匈奴单于呼韩邪迎亲的那天,汉元帝才恍然大悟,原来王蔷(昭君)有闭月羞花之美。他懊悔不已,虽然杀了画师毛延寿,但已来不及了。昭君怀抱琵琶,缓缓跨上马背,出塞了。

昭君随行带去了工匠、农具、种子、药品、书籍和各种知识及先进的农耕技术。在那里还教会了匈奴妇女织布纺纱,她还建议单于呼韩邪改革匈奴人落后的风俗习惯,学习汉族文化,使匈奴人的生活得到了改善。昭君弹得一手好琵琶,又关心百姓疾苦,很受呼韩邪的喜欢,更深受匈奴人民的爱戴,百姓们尊称她为"明妃"。另外,她还经常给汉朝天子送信和一些特产,汉朝也不时送一些贵重物品给匈奴,双方一直友好往来,使汉朝和匈奴边境60年没有战事,双方都得到了很好的休养生息。王昭君是一位和平使者。

一个小小的弱女子,却有如此的胸襟和智慧,实在令人敬佩!如果她没有胆量与远见,贪图安逸,不愿跨出深宫,她就只是深宫里的玫瑰,直至孤独地枯萎。然而她跨出了宫门,以女子的柔情熄灭了烽火,做到了化干戈为玉帛,为和平奉献了自己的一切。

在昭君身上我们看到这样一个真理:美不只是外貌,而在于善良的内心。况且美丽都是一瞬间的,只有为国家、为人民作出贡献,美才能百世流芳。

让人感到不可思议的是,至今王昭君的坟冢青草茂密,四季常青,也许这是天地在向这位美丽的女子表达永远的关爱和敬意。

所以我认为,四大美女中王昭君应是最美丽的一位。

10. 刘邦吸纳贤能

能够当好领导的人,并非自己样样都能,而是能吸纳贤能。

汉高祖刘邦登基称帝之后,在皇宫中大宴群臣。酒喝到半醉的时候,刘邦说:"各位大臣可以开诚布公地谈一下,说说为什么我能得到天下,而项羽却没得到。"有位大臣借着酒劲儿站起来说:"拿陛下跟项羽的待人比,陛下爱发脾气,开口就骂;项羽讲礼貌,而且尊敬人,这是您比不过项羽的地方。但陛下奖惩严明,打了胜仗就有奖赏,让大家都能得到好处;项羽却嫉妒心很强,谁有功劳就排斥谁,谁有本事就怀疑谁。因此,他没有得到天下。"

刘邦听到后笑答:"你说得对。要论运筹帷幄,决胜千里之外,我比不上张良;要论治国安邦,安定百姓,我比不过萧何;要论带兵上阵,战无不胜,我比不上韩信。这三个人都是人中俊杰,而我能重用他们,这便是我能够得到天下的根本原因。而项羽虽有范增,但不能正确地看待使用,就是他失败的原因。"

项羽嫉贤妒能,刚愎自用,树敌太多,因此注定被招贤纳士、用人所长的刘邦打败。

其实,不论对人还是对事,我们都不能因为别人优秀,而怕埋没了自己的才能。如果你能集众人之所长,用众人之所长,就会像刘邦一样,能使自己得到更大的成功和辉煌。

11. 董宣

一谈到东汉的强项令董宣,首先想到的是他面对湖阳公主的权势,不肯低头,强项而立的事情。而他的故事还有很多。

董宣在担任北海相期间,曾因下属武官公孙丹滥杀无辜而将其法办,并将其他 30 多名罪大恶极、鱼肉乡里的公孙丹的族人一并枭首示众。这件事触怒了与公孙丹交好的太守,他一纸奏折,弹劾了董宣,并将董宣押解在京城的牢中。董宣在牢中整日埋头读书,泰然自若,即使被判死刑,也凛然正气,无悲怨之态。临刑那天,许多官员钦佩董宣的气节,纷纷备下酒菜,为他饯行。董宣说:"我一生不曾吃过别人的酒席,何况是死已在即的时候呢!"说罢,登车而去。光武帝刘秀听到董宣的事情后,也钦佩他的勇气和魄力,赦免了他的罪行。

刚正不阿的人,在任何一个年代都存在。他们用自身的言行谱写了壮美的篇章。在社会上,无论你的地位是高贵或低贱,是赤贫或富甲,只要行事无愧于心、刚正不阿,就会树立美好的形象。

12. 蔡伦与造纸术

在纸发明以前,人们常常把字写在竹简上,但竹简携带不便。有的人把字写在丝帛上,但丝帛非常昂贵,不能普及。东汉宦官蔡伦经过观察,发现丝帛当中含有的纤维,在许多破布、烂渔网、树皮中都存在。于是,他找了许多被人们遗弃的废物,放在缸中捣烂。经过无数次的加工和实验,发现其中的一些粗纤维根本无法溶解。他苦思冥想,忽然想到了石灰。于是,就在溶解物中加了一些石灰。没想到石灰不仅能溶解粗纤维,还有漂白的作用。终于,白皙光滑的纸张在千百次的实验中创造出来了。

造纸术的发明,给人们的生活带来了极大的便利,因为原料简单,价格低廉,受到人们的欢迎。更重要的是,它对中华文化和历史的传承起了重要的作用。而蔡伦也成了名垂青史的人。他本是宦官,却不甘平庸,努力地发明创造,造福于世。

每个人都有属于自己的舞台,无论你是不是一个"好演员",都不应该忽视自己的价值。多一点努力,多一点创新,也许你就是舞台上最光彩的人。

13. 张衡的科学发明

在汉朝时,我国的科学技术得到了飞速发展,特别是天文学、地理学、数学和医学更是遥遥领先于世界。其中,有一位著名的科学家,他在天文学和地理学上都有惊人之举,他就是生活在东汉时期的张衡。

张衡,字子平,今河南南召人。能五经,贯六艺,官至太史令。在天文方面,他发明浑天仪,以漏壶的流水为动力,通过齿轮系统带动,象征天壳的浑象,一天转一周。而在地理方面,他发明了地动仪——世界上第一架测量地震方向的仪器。地动仪直径约2米,用铜铸成,像一个酒樽,中间有一个铜柱,周围并列八个方向的机械,外面有八条铜龙,每条龙嘴里衔一个铜丸。哪个方向地震,对应方向的龙会吐出铜丸落在下面蟾蜍的嘴中,发出清脆的声音,就可知道地震方向。

虽然东汉谶纬盛行,但以张衡为代表的科学家们却尖锐地抨击谶纬之学,主张应予禁绝。张衡的科学成就,就是反对神学迷信的集中体现。

14. 九章算术

在西周时就出现了天文历算学,算经十书之一的《周髀算经》就是其中的代表作。但将先秦以来的数学成就系统总结的却是东汉时期成书的《九章算术》。

《九章算术》,全书共分九章,即算术的九个类别——九数,分别是(1)方田:用分数四则算法和平面形求面积法,计算田亩面积。(2)粟米:粮食按比例交换的计算方法。(3)衰分:分配比例的算法。(4)少广:开平方和开立方法。(5)商功:立体形求体积法。(6)均输:管理粮食运输均匀负担的计算法。(7)盈不足:盈亏类问题解法。(8)方程:一次方程组解法。(9)勾股:勾股定理的应用和简单的测量问题法。

可见,《九章算术》已经对数学方面的问题有较为系统的研究,尤其负数、分数计算,一次方程解法都是具有世界意义的,是我国在世界数学史上光辉的篇章。

六、自然景物评述练习

1. 月亮

我曾经读过不少古诗词,发现里面描写的月亮竟没有一个是相同的。

"春江潮水连海平,海上明月共潮生。滟滟随波千万里,何处春江无月明。"《春江花月夜》中的月是美丽而沉静的,带着诗人淡淡的哀愁和对故土的想念。

"人有悲欢离合,月有阴晴圆缺,此事古难全。但愿人长久,千里共婵娟。"此时的月因分离而怅然。是的,只要心心相印,何处不是同样的月亮呢?

"月上柳梢头,人约黄昏后。"此时的月成为有情人的红娘,一缕月光牵出了两颗羞涩相爱的心。

"独上西楼,月如钩……"一轮弯月,钩出了国仇家恨,钩出了无尽景物依旧、人事已非的愁绪。

"举杯邀明月,对影成三人。"此时的月,奔放、热情、才气纵横,带着一股"我欲乘风归去"的气势……

读得越多,我便越觉得人生如月,月如人生,境由心生,月由心生。

月的变化无穷无尽,但只要懂得欣赏,它的每一个阶段都是美丽的。人生也是一样,生命的际遇有各种各样的不同之处,也许有悲伤,也许有挫折,但用美好的心灵、宽容的态度去面对,你就会发现其实人生的每一处都是一道风景线。

所以,请静下心来,好好地欣赏每一时的月亮,也请放慢你的脚步,好好欣赏人生的每一处风景、每一处美丽。

2. 望月思古

孤宿长江边,透过窗帘遮不到的地方,看到一小片天。眼前,天边最后一抹绛紫渐渐转为深蓝,一点一点地,黑定了。天空中一轮明月缓缓升起。我忽然想起张若虚的《春江花月夜》:"江畔何人初见月,江月何年初照人?人生代代无穷已,江月年年只相似。"

今夜,天暮中这轮月既是秦淮河上与灯火交融的缠绵的月,也是边关大漠独与云天相往来的冷寂的月;既是唐代李白诗中的思乡月,又是宋代范成大笔下的东厢月。明月常圆,但那辉煌的、悲壮的几千年历史已被这日精月华融成水,随长江源远流长。

历史上大浪淘尽多少非常之人,追忆这长河,试想秦始皇当年也同样站在这片天空下,借皎洁的月光远眺这块被他征服的国土,心中想着秦朝要一代、两代、三代,甚至千千万万代地延续下去。但谁知短短的 14 年后,一次农民起义就结束了秦王朝的统治。接下来,项羽的大军火烧阿房宫,洗劫秦皇陵,一个强大王朝就这样灰飞烟灭。

这轮美月究竟见过多少战火硝烟,多少生离死别,多少人情世故?天空永存而人生短暂,明月常圆而人情难圆。这明月下多少英雄豪杰战死沙场,多少王公将相建功立业,但如今也只有任凭后人评说。望着这轮历经几亿年的月,我不禁在想,我们应该如何面对功名利禄?如何面对人生的选择?望着长江水后浪推前浪,人生的价值到底该怎么估量?

3. 月的遐想

喜欢抬眼望天,不只是它的蔚蓝,还为那深深的黑幕上有一轮变化的月,它能让单调的颜色立即富有表情与灵气。

各种形态的月让人产生各种遐想与感慨。月有阴晴圆缺,正如人生有聚散离合。人们常常追求事物的圆满与完美,但世上的事物哪有十全十美?大自然中,我欣赏弯月残缺的美丽,因为它更能体现人生的真切。

抬头望天,我热爱这美丽的夜空,在它的深沉注视下,我更加珍惜这千姿百态的人生。

4. 夕阳

太阳快要落山的时候,总是做出最大的努力把光芒留在人间。它似乎憋足了劲,把西天绘得通红。当那最后一丝红光散去的时候,夕阳最后一丝能量也燃烧殆尽。

"夕阳无限好,只是近黄昏。"虽然人们也说夕阳好,但这话中更多的是对夕阳的同情、怜悯和惋惜。

我喜欢"长河落日"的壮美,那即将逝去的夕阳,并不需要怜悯和同情。因为在已经过去的早晨和中午,太阳已经辉煌、灿烂过,就算在这黄昏漠然地逝去,人们也会记住它的灿烂,感谢它的光辉。但是夕阳并没有满足于过去的辉煌灿烂,就算是到了生命的尽头,也要尽力一搏,把最后的美留给这人间。夕阳的逝去是壮美的,我对它充满景仰和敬佩。

夕阳逝去,我们不必惆怅,不必哀伤。当明天雄鸡啼鸣的时候,夕阳又获得了新生。

天色渐暗了,那西天的晚霞还是那样光彩夺目,那血红的光芒把大地映得通红。天色更暗了,夕阳渐渐隐去,那燃烧的晚霞也渐渐熄灭。但我知道,明天,那东边的天空又将出现火光一样灿烂的朝霞,朝霞过后,一轮红日又将冉冉升起。

5. 鹰

静静地躺在草地上,仰望浅蓝色的天空。没有风的长空,更使人感觉到广阔与神秘,蓝天下渺小的我在孤独面前显得不堪一击。

忽然,一个黑点儿在天海间激起一丝涟漪。它在云与天之间慢慢地划动,时而直进,时而盘旋。是鹰！对,是一只孤独的鹰。在我看来,它是如此渺小,只是一个黑点儿,甚至时隐时现,可它却以这渺小的身躯穿梭于云天,一双犀利的眼睛傲视天下芸芸众生。它撕裂了云朵,划出一道美丽的弧线。它矫健的身躯虽然孤独,但却越飞越高,慢慢地消失于天外。

在鹰看来,天并不神秘,自己并不渺小,孤独也并不可怕,因为孤独使它自由地翱翔苍穹,俯视大地。而那些躺在草地上甘愿被孤独所恼的人才是真正的渺小。

6. 鹰

天苍苍莽莽,地也苍苍莽莽,苍莽间只我一个揣着梦想上路的人。

抬头望苍天,我想知道东、南、西、北,哪里才是我能去的方向?

蓦地,一声刺破长空的啸叫震撼了我,迷蒙的双眼清楚地看见一只白翎黑羽的鹰在高空盘旋。它那样坚定执着地追寻自己的目标,我,还犹豫什么呢?

是的,我孤独,因为我是鹰;我飞翔,便是天空最美的画!

7. 流星无愧

传说,在流星划过天际的那一瞬许下的愿望是能实现的。然而,人们却不希望自己成为爱情或是事业中的一颗流星。然而,芸芸众生中的我们又何尝不是这人世间一颗无法永恒的星。天空中的每一颗星都有自己的位置,而流星的陨落似乎违背了这种永恒的完美。然而,在陨落天幕的那一刻,它燃尽了自己所有的光与热,为漆黑的夜空留下了一段亮眼的灿烂。

这不禁让我想起了那只传说中名叫荆棘的鸟儿。它的一生都在寻觅,最后在那最长最尖的荆棘上刺穿自己的胸膛,吟唱出世间最美妙的旋律。

人生又何尝不是如此。或许我们不必奢求生命的持久,不必强求他人的承诺,甚至不必找到那个我们必须固守的位置。只要我们的生命曾为这个世界留下一份美好与动人,那么生命的意义与光芒便在此闪现。

8. 情感天空

阴沉的天空密布着层层乌云,一会儿,风来了,雨来了,便忆起了曾经与你共有的岁月。你来的时候,手上总握着一把伞。于是,再坏的天空也分外明朗。因为我们有伞,所以我们也宁愿相信,这片五彩蓝天将会伴随你我一生一世。可是,刚走了一段路,却发现这片天虽然不再有阴霾,却太苍白;虽然很动人,却很空洞;虽然很由衷,却太幼稚。于是,我们决定把这把伞收好,尘封于心底,相约自己能独自撑起一片蓝天时,再去迎接彼此共同的天空。我想那时我们的天空会更精彩、绚烂。

9. 雪花

故乡的天空是有情的。

去年春节,我由南国特区乘火车北归,同车厢的几乎都是回家过年的四川的打工仔、打工妹,拥挤而嘈杂。

火车在有节奏的轰鸣声中驶入了四川边界,疲惫的人们昏昏欲睡。突然,不知是谁大叫了一声:"快看,雪!"所有的人把头伸出了窗口,星星点点的雪花轻柔地从天空飘落。车厢里的人们激动起来,有个打工妹禁不住泪光盈盈。

那一刻,我心中一颤。这些劳作在异乡的打工仔、打工妹,以青春的明媚抵挡了多少严寒酷暑,那份磨炼出的坚韧,却在故乡的一片雪花中酥软。

或许不知有多少次,故乡轻柔的雪花悄悄地飘入游子的梦中。不知有多少次,梦中游子思乡的泪水浸湿了枕巾。今天,这富有灵性的雪花终究遂了人们的心愿,载着一份深情,一份企盼,随着游子归来的脚步,轻轻飘落。

10. 颜色

穿过无数灿烂的黎明和阴暗的黄昏构成的历史,地球被不断粉刷着——嫩绿、蔚蓝、金黄,或是一片洁白……

首先,让我们来到春天的大草原。大地上耸起的绿色,让你酸痛的双眼望不尽草浪层叠,只能从内心感受大草原宁静的绿色中所蕴含的勃勃生机。

在大地众多的颜色当中,占地球面积最多的是海洋的蓝色。海洋总是那样热情美丽,总能够以它的宽大广博包容一切。我喜欢让自己完全融入一片蔚蓝,带上氧气瓶,潜入海底,去发现和感受海底世界的新奇与美丽。

金黄色一直是我的最爱,因为它是大地最富有诱惑力的颜色。秋天的大地上,飘着金黄色的果香。收获后的麦田里,土地露出千点万点微笑,每个人都沉浸在丰收的喜悦中。

最后,让我们回到大地所有颜色的本源——白色。据说七种色光融合在一起就是白色。每年冬天,当雪把大地打扮得银装素裹的时候,你有没有想过这是春夏秋冬、五湖四海不同颜色的交错重叠呢?

我相信大地每一种颜色,不管是黑的还是红的,黄的还是绿的,都会在我们眼中映射出不同的风景。于是,辽阔的大地上,有一万条无限延伸的七彩大道。

11. 土地

"为什么我的眼里常含泪水,因为我对这土地爱得深沉。"这是艾青的诗《我爱这土地》中我最喜欢的一句,不仅诗人爱这土地,我也深爱这土地。土地孕育了生命,让世界充满了生机,它无私地将自己的一切贡献,却不求回报。

一次,我坐在树下歇脚,忽见空中徐徐飘下几片泛黄的树叶,它们似乎不带一丝留恋,无声无息落地在地上。这时,我不禁想起记忆中的一幅画,画中是一条笔直的道儿。道儿的两旁栽着整整齐齐的树,而道儿上已铺满了金黄金黄的树叶。整幅画呈现出一片怡人的秋色,偶尔几束光线透过树林斜射在金光闪闪的道儿上,更加让人充满向往。

想想那片片树叶还是绿色时,赋予它们活力的正是这土地,是土地滋养了它们的根须。岁月溜走,当叶子的光彩逝去,成为残枝败叶后,它会飘然落下,入土为安。

落叶充实根须,给新叶提供养料。之所以落叶会这般坦然,是因为它从来没有忘记过根对它的情意。就好像一位漂泊在外的白发苍苍的老人希望落叶归根,返回家乡,这就是绿叶对根的情意。

12. 哭泣的骆驼

三毛的《哭泣的骆驼》让我想起那只孤独的沙漠之舟在茫茫大漠中流泪的样子,那场面一定很悲壮。这一幕深深地印在我脑海里,荒漠的声音正以奇怪的方式渗透到我心灵的深处。

一只在大漠中哭泣的骆驼既是一种具体又是一种抽象。说它具体,是因为那只骆驼湿润的双眼流露出的无助吸引我去触摸它,我一伸手就能感受到它的体温;说它抽象,是因为大漠的无限延伸化为了苍茫,这无限苍茫凸显了一种伟大的孤单。

在现实生活中,人生来就要面对这个世界,可是站在喧闹的高楼林立的都市中,我们能看到的便只是高楼和别人的眼色,忘记了远望天地。而那只哭泣的骆驼,虽然孤独,可视野却是开阔的。我们这些都市人是否也该不时地去远望天地,找到属于自己的那片天空。

13. 春花

在我的记忆中,有一朵小花,给我留下了深刻的印象。

这是一朵极平常的小花,金黄的花蕊被五片灯笼红的花瓣包裹着,孤零零地绽放在一个破旧的花盆里,放置在被人遗忘的角落。但它那鲜艳的红色,却给那个平凡的角落增添了春的色彩。

一个星期后,当我再见到这朵花时,它已经凋谢了,春风吹落了它最后一片花瓣。短短一个星期的时间,小花便走到了生命的尽头,但它短暂的灿烂传达了春天的讯息。它用一生的积蓄去换取一次短暂的辉煌,以带来春天的问候,这是何等慷慨。这也正是"俏也不争春,只把春来报"的生动写照。

有的人刻意追求辉煌,而往往忽视了平凡。其实,平凡是培植辉煌的沃土。做一个平凡的人,做一些平凡的事,也许在日积月累的平凡的酝酿中,可以创造人生的辉煌。

14. 秋叶

我是一片平凡的秋叶,我枯朽的身躯即将从树上飘落。但生与死总是自然的,我不哀悼自己的逝去,反而嘲笑那些同情我的人们。不知为什么,总有人由我和我的同伴联想到生命的终结。万事万物周而复始。年轻的我,曾在春光中呼吸,夏雨中欢笑。我点缀过春天,拥抱过烈日,而现在我将自然地死去。若风儿不把我吹到树下,我也不能成为来年护花的春泥。所以,多情的人啊,你不也和我一样是造物主手中的棋子?何必用你的怜悯显示你的高贵。用自然的眼光看待我吧。当来年春花开的时候,就如同不用悲哀我的逝去一样,也不必为我欢欣。

15. 冬天的梧桐

我是一棵冬天的梧桐,一棵冬天的秃树。

没有了叶的遮拦,冬天的风在枝杈间任意呼啸。你不必为我担忧,也不必为我悲伤。没有了叶的呻吟,也就没有人能够觉察我不胜寒流的瑟缩。就这样骄傲地站在风里,沉默地护卫着全部的自尊。

春天婆娑的舞姿终于不在,夏日飞扬的青春也已凋零,只有意志在寂静的黑夜里一寸一寸坚韧地生长,长成无所畏惧的力量。

于是,我独自拥抱寒流,我独自亲吻飘雪。只要我还是一棵树,立在天与地之间,笑看朝阳升起,静对明月圆缺,我袒露的躯体里就依旧有激情奔涌,我冰封的枝丫间就依旧盘旋着无声的呐喊。你可曾看见了?你可曾听见?

我是一棵冬天的梧桐,一棵冬天的秃树,我要静静地站在这里,让这一切苦难在冬天的静默中集聚成力量,在来年温暖的时候悄然释放。我的根扎入大地,我的枝伸向天宇,用我不屈的生命撑起一方无垠的晴空。

16. 夜雨

夜就像一张硕大的网,笼罩了整个世界,一切的斑斓色彩都在夜色之中悄然隐去。天地之间,只剩下一个空灵灵、黑洞洞的空间,只有一样东西能填补这块空间,那就是雨。

夜雨不同于白天的雨,少了那份透明的喧闹,多了一份夜的深远和宁静。

单是坐在窗前听那长长短短的雨声,满心就贮满了诗意。此时的人们都不由自主地沉静下来,就连最浮躁的心也甘于在这样的雨声包围下端坐深思。无怪乎古往今来无数的文人墨客都爱在雨中挥文舞墨,抒发情怀。在夜里挑灯作文,连文笔也变得滋润起来。

余秋雨在他的散文《夜雨诗意》中写道:"夜雨是旅人的大敌。"说的就是夜雨的寂寞。在外旅行的人怕夜雨,不是因为道路难走,也不是因为没带雨鞋、雨伞,而是夜雨使他们想起了家,想起自己远离的亲人,想起自己的凄苦境地,而顾影自怜起来。不是急流险难,不是崇山峻岭,而是这善感的夜雨,让人在旅行中顿生悔悟,放弃满心的漂泊志向,半途而归了。

关于夜雨,还有很多很多。在某个飘着细雨的夜晚,坐在窗前,伴着一盏清辉、一杯淡茶,细细地品味吧。

17. 夜

一位哲人曾经说过:"自卑的人总是喜欢黑夜,因为黑夜给了他们自信。"

我想,生活中每个人都曾有过自卑的时候,我也曾有过这样的感受。当我考试失败时,当我在人生路上遇到挫折时,我总是不希望让别人看到我的悲伤和痛苦。我需要夜色的包容,需要在黑夜中安静独处,需要在黑夜中寻找安慰。可是,当阳光升起时,我发现在黑夜中寻找到的那些安慰只能使我颓废、消沉。那时,我下决心要站在阳光下,勇敢地面对自身的缺点,面对一切挫折与失败。我忽然发现,阳光下的一切是多么地美好。

"黑夜给了我黑色的眼睛,我却用它寻找光明",用这样乐观的态度对待人生,积极地追求美好的生活,不是更好吗?不要再让黑夜遮住你的眼睛,因为黑夜总会过去,黎明终将来临。其实,当你站在阳光下时,你会发现,阳光照射下的你是那么地美丽、动人!

18. 家乡

我的家乡广元,是女皇武则天的故乡,它位于四川北部,是坐落在群山之中的一座小城市。广元有悠久的历史、秀丽的风光、丰富的物产,而我却更钟情于家乡的山。山,便是家乡的魂。

开门是山,睁眼是山,就是梦里,也是山。那是连绵起伏的山,一峰独秀的山,温柔的山,冷峻的山。春天里绚丽多彩的山,夏季里满目苍翠的山,秋天里萧瑟惆怅的山,寒冬里严酷冷漠的山。

从小生活在山的怀抱里,整日与山为伴。黎明中,眺望山的深邃;烈日下,凝视山的沉重;风暴中,感受山的气魄;黄昏里,仰望山的包容。家乡的山养人,家乡的山育人,它教给人们山的胸怀、山的气魄、山的情操。

人们崇敬大山,更敬佩屹立在中国历史风云之中的另一座大山,我国杰出的女政治家——武则天。无论世人怎样评价她,功过是非早已随历史悄然逝去,而她在人们心目中永远是一座巍然的大山。

我爱我的家乡,更爱家乡的群山。

第五单元　逻辑思维与语言表达

第一部分　理论概要

逻辑思维指人在认识过程中借助于概念、判断、推理反映现实的思维方式。它以抽象性为特征，撇开具体形象，揭示事物的本质属性。也叫抽象思维。

古希腊哲学家苏格拉底说："逻辑思维是由日常生活中的个别事上升到概念，再归纳出定义的思维过程。"

面对复杂、多变的事物，如何符合逻辑地思考和表达呢？我们必须注意以下几点：

(1)必须抓住事物的基本规律和特征——这一事物发生、发展、衰退、消亡的主要逻辑顺序和主要线索及趋向。

(2)明确主要事件、矛盾、冲突。把握这一事物从产生到消亡的全过程中，其他事物是如何作用并影响这一事物的，他们是如何进行组合、分裂、再组合活动的。

(3)要善于提炼逻辑链条。

(4)有些事物表面看来似乎毫无关联，但实际却有着千丝万缕的联系，快速找到它们的连接点，用语言表述它们的关联，注意表述的合理性。

通过思考，把曲折的事件、复杂的关系理出头绪，用富有逻辑的语言进行表述。

第二部分　教学内容及同步练习

一、组合练习

三个词汇组合，三种声音组合，三种物件组合，三个形体动作组合，"，""。""！""——""……"符号组合。

二、绘画描述练习

讲解文艺复兴晚期画家：乔尔乔内作品《暴风雨》（见图9）、埃尔·格列柯作品《托列多风景》（见图10）、阿尔布雷希特·丢勒作品《自画像》（正面）（见图11）、彼得·勃吕盖尔作品《农民的婚礼》（见图12）。

三、历史评述练习

三国、西晋、东晋时期，任选三个时期的政治、经济、文化、人物，加图形，组织3篇口语作业。

四、绘画

任选《暴风雨》《托列多风景》《自画像》《农民的婚礼》中的一幅画，加图形，加情境，组织3篇口语作业。

五、看图讲述练习

根据一个画面讲述一个故事。

六、案件讲述练习

条理清晰地讲述一个案件。

第三部分 教学目的与要求

（1）三个词汇、三种声音、三种物件、三个形体动作、几种符号组合的练习，要求学生快速找到它们之间的内在联系，按词汇的顺序符合逻辑地进行表达。注意用时不能太长，不要讲故事，所讲内容最好富有哲理性，语言干净利落。

（2）历史、绘画部分的训练，特别注意绘画与图形及情境联系的合理性，不能过于牵强。

（3）看图讲故事和案件讲述，在多线索、多层次的复杂事件和人物关系中，训练学生思维的逻辑和语言表达的逻辑。因此，在口语作业中，主要人物面貌和主要事件、矛盾一定要突出，还要理清线索，做到主次分明。检查故事和案件的可信性、真实性，人物行为的必然性。不能脱离生活,生搬硬套。安排好情节发展,注意偶然性与必然性的结合。只有必然性,就缺乏戏剧性。太多的偶然性,会让人感到不真实、不可信。

(4)讲故事或讲案件时,语言往往出现啰唆无序的状态,要帮助学生进行调整,让学生不仅做到语言精练,还要有语言魅力和吸引力。

(5)有些作业可能会唤起众多学生的兴趣和想象,可让学生做各种补充,做各种不同设想,也可以让学生从中提炼出自己所需的内容。只要合乎逻辑,允许有不同的发展和结局,也可以提炼出不同的主题、不同的道理。

第四部分　学生作业例稿

一、三个词汇组合练习

1. 艺术、高架桥、娃娃

(1)法国是浪漫之都,精美的人体艺术是艺术的高架桥。芭比娃娃受到全世界人民的喜爱,那是座精美的沟通之桥。在法国举行的环球小姐大赛,是跨越全世界的现代桥。

(2)艺术不分国籍,要想成功,必须站在世界的高架桥上通观艺术的发展,你才能真正明确追求的方向,而不能像闺中的娃娃,只知眼前,坐井观天。

(3)艺术,这两个字是那么高不可攀,像横跨天宇的高架桥,其实它与日常生活有着广泛的联系,比如,人们喜欢的芭比娃娃就是艺术。

(4)艺术殿堂的瑰丽,让人神往。但它又如此艰难,像架起一座高架桥。真想回到娃娃时代,不用心,不动脑,无忧无虑。但这是不可能的,还是得咬牙一步一步往上攀登。

2. 上帝、鼻子、艺术

(1)上帝创造了一切,但人创造了没有鼻子的艺术,那就是埃及金字塔的守护神——狮身人面像,这不能不说是人类历史上的创举。

(2)《圣经》上说,人是上帝造的。中国传说,人是女娲造的。他们都是用泥巴造人,从今天人类的不同长相看,他们造人时有些漫不经心。有时泥巴和稀了,所以有的人脸长了,鼻子也长了。有时泥巴又干了,所以,人的脸短了,鼻子也短了……没有办法,因为那时他们不懂艺术,而且也没有监督机制,一点点疏漏,就成了今天人类大大的遗憾。

3. 篮球、香水、衬衫

(1) 篮球的优劣，有其衡量的标准。香水香味诱人、持久，是好香水。好衬衫的标志是穿着舒适、美观，而且耐用。事物各有各的标准，不能颠倒。

(2) 20岁的女人是橄榄球，人们争着要抱走；30岁的女人是篮球，拿着就往自己篮里投；40岁的女人像排球，推来推去不想留……其实，女人不论年龄多大，就应像衬衫一样，贴心舒适；像香水一样，清香耐闻；像篮球一样，给人愉悦。这就是最智慧、最有人气的女人。

4. 大海、云、花

(1) 美丽的女孩站在沙滩上，她专注地看着大海，然后，又抬头看着白云。当我走近的时候，才发现她原来是个盲女。我不能不为这朵美丽而残缺的花朵感到难过和遗憾。我们是如此健全，还沮丧什么呢？！

(2) 大海像思维，有时爆发，有时宁静。爆发时像惊涛骇浪，宁静时像轻柔的白云。在思维的大海里遨游，可以开出美丽的思维之花，结出丰硕的思维之果。

(3) 心理学曾做过这样的测试，"希望你的男友是什么样的人？"很多女孩都回答："有大海的深度，有云的潇洒，有花一样的年华和外表。"但在生活中这样十全十美的男人是没有的。其实，女孩自己也不十全十美。

(4) 在大海边，你能听见海涛惊天动地的吼声，能看见夕阳西下时的美丽云霞，能在沙滩上捡到各种各样像花朵一样的贝壳。换一个环境，是心态的调整，也是享受另一种风情。

5. 上帝、女人、蛇

(1) 上帝是人们心目中的神。古代母系社会，女人虽然不是神，但女人是主宰，是被崇拜的至尊。蛇也是某个民族的图腾。不同历史时期，不同的民族，有不同的信仰，有不同的崇拜对象。

(2) 上帝造出的人有的仁慈善良，而有的像蛇一样阴冷狠毒。不管男人和女人，也许正因为人与人有了天壤之别，才成就了大千世界！

6. 鼻子、刘德华、影子

(1) 娱乐节目模仿明星秀，有人觉得自己的鼻子像刘德华，有人觉得自己的脸型像刘德华。总要在自己身上找到别人的影子，为什么不活出自己的精彩？让别人在自己身上找到他的影子。

(2) 有人认为高鼻子美，于是，以刘德华的鼻子为标准，修整自己的鼻子。鼻子虽然像了，但整个脸却"四不像"了。既没有刘德华的影子，也没有了自己原本的样子。

7. 笔、鞋、风筝

（1）人生匆匆。童年要用笔勾画未来。步入青年，不知要穿破多少双耐磨的鞋，才能走出自己的路，最后放飞理想的风筝。

（2）有时想做作家，用笔来耕耘；有时又想做旅行家，穿上旅游鞋走遍天涯；有时又想做光芒四射的主持人……想法太多了！就像漂泊不定的风筝，结果一事无成。

（3）人活着不能只追求物质，也不能太柏拉图，把生活想象成诗人笔下的美景。必须面对现实，穿上合脚的鞋脚踏实地地学习、工作，才能很好地放飞理想的风筝。

（4）孩子的想象力是无比丰富的。画家的颜料被孩子打翻了，他只好把画纸合上扔掉。孩子捡起画纸看了看，笑着对画家说："您怎么不要它了呢？爸爸您这不是画的一双鞋吗……啊，不是鞋，画的是一个风筝！"画家拍了拍孩子的头，也笑了。

8. 汽车、台灯、盆景

（1）一个渴求解惑的人到处寻找智者，希望智者为他指点迷津。智者只说了六个字"汽车、台灯、盆景"。他百思不得其解，苦思冥想。一天，他忽然悟到，智者是说，青年时应像油车，开足马力努力奔驰；中年时应像油灯，燃烧自己，照亮别人；到了老年才有盆景般的静谧和安然。

（2）有时觉得自己是汽车，可以在路上飞快地奔驰；有时又觉得自己是台灯，是黑夜的光明。经过坎坷摔打才认识到，我仅仅是一个小小房间角落里的盆景，摆设而已。

（3）爱情是什么？有人说，爱情的激流就像汽车在奔驰；有人说爱情是金钱、别墅的拥有和台灯前四目相对的窃窃私语。其实，爱情应像盆景，拥有那种安然和平平淡淡。

9. 音乐、妈祖庙、木船

《七子之歌》的音乐，让人想到澳门。澳门有一座妈祖庙，代表澳门人民对善良、勤劳的崇拜。澳门已经回归了，而台湾仍像一只小木船，孤独地在海峡那头漂泊。希望台湾也能早日回到祖国的怀抱。

二、三种声音组合练习

1. 盘子声、木桶声、盆子声

盘子声、木桶声、盆子声，看起来这三种声音是不大可能出现在一个时空中，但是在19世纪末的美国，新奥尔良却出现了风靡世界的爵士乐。爵士乐的演奏不仅包括了这几种声音，还包括了其他很多打击器物的声音。爵士乐的创作灵感，来自黑人民间音乐。这种音乐打破了固有的音乐旋律、和弦、节奏，在当时给人耳目一新的感觉，让人听来兴奋和激动。

2. 高跟鞋声、笔写字声、水声

写字楼里很多漂亮的白领承受着巨大的工作压力。在走廊里,经常听到急促的高跟鞋声;在办公室里,经常听到一片笔写字声;卫生间的水声响起,那是她们在整理妆容,进行片刻的休息。

3. 翻书声、吃东西声、汽车声

在图书馆,听不到翻书声,因为根本没有人看书。在饭馆,没有吃东西的声音,因为没有吃的可卖。在公共汽车站,听不到汽车声,司机们去开批斗会了。那是一个混乱的年代,那是一个吃不饱穿不暖的年代,那是个愚昧的年代。希望这个成为历史的年代不再重演!

(注:如果学生三个词汇组合、三种声音组合、三种物件组合练习完成得比较好,三个形体动作组合、几种符号组合就很容易完成了。形体动作组合均是同学们即兴做动作,不便于记录。)

三、绘画、图形、情境结合评述练习

1.《农民的婚礼》+ ◇◇

这幅画首先映入眼帘的是上面大片土黄的颜色,让我想到了一方土地,◇同时也看到了土地上的阡陌纵横。◇◇这样的划分,也好比画上的四种人:新娘、乐手、抬吃食的人和来宾及孩子。虽在动乱时期,但人们追求美好爱情的愿望永远不会改变。因此,这黄色土地上的婚礼,闪现着人们对幸福的渴望。也正是生活在这块土地上,人们的亲情、友情的联系紧密,才纷纷来参加这样一个婚礼。人情、人性永远是这块黄色土地的支撑点。◇◇

2.《自画像》+ △ +黑色森林

丢勒的人像构图是一个三角形,非常稳定。△脸上特别有光彩,额头充满智慧。身上的暖色散发金色的光芒,表达了他内心火一般的热情。宽厚的肩膀有一种责任感和使命感。他的手充满动感,似乎有无穷的创造力。他眼神的坚定,表现出对所追求目标的坚定,就像在黑色森林中永远不会迷失方向的人。事实证明,他始终坚守自己的信念,棱角永远没有被磨平。

3. 《农民的婚礼》+ ◇ +金色池塘

在整个画面中,右侧抬食品的人是最引人注意的。其次,就是乐手,他们眼神游离,处在画面的左侧。新娘几乎处在了背景的位置上,不仔细寻找,很难被发现,小孩子在最前面,他们贪婪地吃着。四个不同位置的人,有不同的想法,不同的心事,他们就像金色池塘里的四种鱼,各游各的路线,各有各的游法,各有各的满足。正是因为动乱,原本十分和谐的、步调统一的人们,才有了这样的一个局面。

4. 《自画像》+ ◇◇◇ +金色池塘

自然就是美。看了丢勒的《自画像》之后,我非常敬佩丢勒。我们可以看到,画上的丢勒并不是一个美男子,但他却对着镜子把自己很真实、很自然、不加任何修饰地画了出来。在画上,可以看出丢勒眼神中的忧郁,但那不是绝望,而是思索和坚定。整个人物像山一样形成稳定的三角形。

其实真正的美分为很多种,孩童有稚嫩之美,青年人有健壮之美,中年人有成熟之美,而老人有恬淡之美,这几种美各有不同。我认为,只有自然之美才是真正的美。

丢勒身上就散发着一种自然之美,经历了一些风雨挫折后,他更加成熟、稳重,并能以一种良好的心态去正视一个真实的自我。这就好比金色池塘边的夕阳,阳光是那样柔和,那样单纯而又自然。

通过丢勒的体态和神韵,我们又能感到他内心如田园般静谧和坦然!

丢勒是一块钻石,他的绘画永远放射出宝石般的光彩。

5. 《农民的婚礼》+ ◇◇◇ +金色的池塘

纵观这幅画,我们第一印象是它的色调柔和而温馨,就像金色的池塘一样。但是再仔细观察,我们可以发觉,在这婚礼上的人表情木讷,让人觉得这不是一场婚礼,更像是一个一般的聚会。

画面中的主角应该是新郎和新娘,但我们看到,新娘头戴纸做的冠,处在画面的最阴暗处;而新郎呢,则在桌子旁与别人一道大吃大喝。他们脸上都没有一点欢快幸福的表情。

我们知道,金色的池塘再美,也不过是一池死水,它不像江河湖海不断流动,这就像当时铁一般禁锢的尼德兰。我们还知道,尼德兰今天已经分成了四个美丽繁荣的国家。他们的人民都在自己的国土上过着幸福的生活。

池塘虽美,但不能带来自由。要想获得真正的自由,一定要冲破这种禁锢,经过斗争和阵痛。

6.《农民的婚礼》+

这是一幅勃吕盖尔的代表作,它以一场农民的婚礼为主题。但在这幅画上,我们却看不到任何婚礼的热烈和喜庆。

首先,是坐在深蓝色幕布下的新娘。她身上没有华丽的新装,暗淡的布衣十分朴素。头上没有明艳的花冠,身上没有佩戴任何首饰,脸上没有一丝修饰的痕迹。所以看起来,她似乎不是新娘。

画的左侧,有一个吹笛子的乐手,婚礼上的乐手本应是喜悦热情的,然而从他惊恐的眼神、慌乱的表情中,让人感觉不到他是婚礼上的快乐乐手。

画的右侧,有两位老人在低声细语,他们眉头紧锁,表情严肃,忧心忡忡,没有任何喜悦的心情。

画的最下侧,有一个小男孩,他头戴一顶巨大的帽子,专心吃着大饼,仿佛很久没有品尝过这样的美味,他不像是在参加婚礼。

当时,尼德兰正暴发捣毁圣像运动,反对西班牙统治。社会在动乱之中,所以才有了这场特殊的婚礼。勃吕盖尔正是捕捉了这一个瞬间,把老百姓的状态记录了下来。也正是这个成功的捕捉,将勃吕盖尔的名字永远留在了艺术史上。

7.《托列多风景》+   +在压力面前

这幅画最吸引我们的无疑是它的色彩。格列柯以凛冽而迅速的笔触向我们展示了他内心深处的心灵风景。

格列柯出生于希腊,在意大利威尼斯学画,甚至有幸进入了提香的画室,但个性的突显使他受到众人的排斥,对前辈名家的非议更使他遭到驱逐。格列柯几经辗转,来到了西班牙小城托列多。在这里,他结识了一群因社会变革而没落的旧贵族。

这些旧贵族因为失去往日的尊容而龟缩于西班牙的一隅,就好像在画面中那乌云下的托列多小城一样,死寂、空虚且毫无生气。但是格列柯却不认为自己和他们一样,他是把自己比作画面中那蓬勃的绿色。虽然面临巨大的压力,但是绝不屈服,而是以一种生命的朝气去勇敢地抗争。

今天,我们再也不能记起任何一个旧贵族的名字,但我们却记得一个"忧郁而狂热的格列柯"和他那幅《托列多风景》。他的绘画像钉在了绘画史的长河中,永远不可动摇。

四、历史评述练习

1. 三国+✕

三国俨然一段小春秋,曹操、诸葛亮、刘备、周瑜都在乱世中跃登于政治舞台。我认为,三国的政治家还应首推曹操。传统史学家,把分裂和篡夺的罪名给于曹操,对他持否定态度。✕虽然否定曹操并不是毫无根据,但有些片面。评价曹操应客观地根据他的功过是非。

首先,曹操在有生之年并未分裂和篡夺皇权。他身为汉朝丞相,"挟天子以令诸侯",为的是匡扶汉室基业,整顿朝纲,因此曹操在自己的职位上为自己画上了一个圆满的句号。✕

其次,曹操这个人其实很不寻常,有人说他生性机警狡诈,且善用权术。其实不然,他从小到老一直勤奋好学,博览群书。他的儿子曹丕曾说他,"上雅好诗书文籍,虽在军旅,手不释卷"。曹操当时是大文豪,写下了"东临碣石,以观沧海"这样脍炙人口的佳句名篇。因此,曹操在文学上也是画上了完满的句号。✕

还有人说曹操嫉贤妒能,但杨修便是一个典型的例子,说明曹操唯才是举,知人善任。他的一些主要将领,有的提拔于行伍之间,有的发现于俘虏之中,曹操为后代成就大业打下了坚实的人才基础。他作为一名领导者,同样为自己的人生画上了一个精彩的句号。✕

他在任丞相时,将北方地区治理得相当好,使经济得到明显的恢复与发展,使百姓过上了富足的生活。他在治理天下之时,同样显示了非凡的才能,为自己画上了第四个圆满的句号。✕

"乱世之英雄""天下英雄无过曹操",这都是对曹操的评价,而我说,曹操是一位方方正正的政治家、军事家、文学家。✕

2. 三国+✕✕

人人都说刘备是一个贤明有德的领导者,可我觉得他甚至连领导者也算不上。古人常以"修身、齐家、治国、平天下"为做人的典范,我就以这个准则来谈谈刘备。

首先,刘备是中山靖王之后,汉室宗亲,骨子里流着皇族的血统,可自己却碌碌无为、身无长技,终日以织席贩履为生。若不是遇见了关、张二人,他可能终生是一个贩夫走卒,所以"修身"上应该给他打上一个叉。✕

其次,刘备不止有一位夫人,但自己却没有能力保护,致使甘、糜二夫人落入曹操之手，还要累得他义弟关羽千里单骑地护送回来。这"齐家"一条他也是不合格的。

再来看看他的"治国"。当刘备义弟关羽死于东吴人之手，他不顾丞相诸葛亮的苦苦相劝，倾全蜀之兵，不顾大局地与东吴开战。结果被一把火烧了八百里连营，多年经营毁于一旦。因此，要再为他加一个叉。

至于"安天下"就更加不言自明了。刘备一直以匡扶汉室为己任，一统中原为目标。可他穷尽一生未能如愿，临终前白帝城托孤，又把一个大包袱刘禅扔给了诸葛亮。可叹孔明鞠躬尽瘁，六出祁山也无力回天，最后落得个星落五丈原的悲惨下场。

历史上的刘备虽得天下之豪杰，却无成大事之德行，反而牺牲了多少英雄，这样的人，又岂能受人顶礼膜拜、焚香遥祷呢？

3. 西晋+✕

晋武帝统一全国后，志得意满，完全沉溺在荒淫的生活里。在他的影响下，朝廷里的大臣也针锋相对，大摆阔气，觉得比富是件很体面的事。当时，有两位大富豪王恺、石崇经常比富。一次，王恺当着很多富豪的面，把宫里珍藏的珊瑚展出来；石崇就把珊瑚击碎，随后，又搬出了自家的几十块珊瑚，以显示自己的财富。晋武帝高高在上，不仅不关心百姓疾苦，还不制止此类现象，反而引以为荣。

西晋王朝，一开始就这样腐败，出现这么多可恶的蛀虫，最终导致国家的灭亡。对于一个国家来讲，节俭则昌，淫逸则亡。历览历史上各朝各代，成由俭，败由奢。

4. 东晋+△

东晋时期，出现了一位羯族大将石勒。他家世代是羯族的头目，但是他年轻时与部落的人走散。后曾给人做过奴隶、佣人，也做过囚犯。这一段经历非常艰辛，但对于石勒来讲却成了一笔人生的财富，为以后建立功绩奠定了基础。

石勒越狱逃跑后，召集了一批流民，组成了一支强悍的队伍。不识字的他，却懂得成大事业靠武力不行。他深知羯族人的文化水平比较低，就清汉族人士张宾作大臣。张宾采取了许多政治措施，还组织了一个"君子营"。石勒十分重视读书人，设立学校，让羯族人学习汉字及汉族文化，使他们的素质得到提高。

石勒深知能在马背上打天下，但不能在马背上治天下。一个民族或一个国家想要永远稳固统一，繁荣发展，不仅要善于学习先进文化，还要学会在困境中积累经验、教训。所以，石勒后来成就了一番大事业，成了晋国的支柱。

5. 西晋+

如果说,三国的历史是一部铁血征战的篇章,那么西晋的历史就是一首文以兴国的华美诗篇。而在这其中,嵇康是一个不得不提的角色。

嵇康,竹林七贤之一,文才出众,性格则狂放不羁,为人极有原则。也正因为如此,他最终被处死。

嵇康不齿于与官府打交道,偏偏他的文采吸引了当时朝中一位姓钟的重臣。这位重臣亲自拜访嵇康,嵇康却故意做了一天木工活,对他置之不理。这样的无礼为他的死埋下了伏笔。

嵇康生性淡泊名利,他的好友山涛却好意邀他出来做官,三番五次地劝说之后,嵇康怒而与之绝交。这使得他处在了一个与官府公然对立的位置,又使他向死亡迈进了一步。

嵇康好音律,相传他夜宿华阳时,得到失传已久的《广陵散》。当政的司马昭重金向他求购,却遭其拒绝,这是他为自己埋下的第三个隐患。

嵇康被司马昭打入大牢后,三千名太学士为他求情。太学士惜才敬才的心情是可以理解的,但他们的这种声势浩大的行为恰恰成了嵇康最终的死因。

相传嵇康临刑前,曾抚琴一曲,演奏了那首已成绝唱的《广陵散》,尔后从容赴刑。而当我们回忆起那段历史时,不仅听到了隐约的琴声,更见到了不朽的傲骨。

6. 西晋+

在源远流长的历史长河中,有一条小小的分支不得不引起我们的注意,这便是西晋。而引起我们关注的原因,便是历史上发生过很多次的"禅让"。

在尧舜时代,禅让是一种制度。当部落里的禅让延伸到西晋,却成为一种篡夺帝位的手段。历史往往有着惊人的相似,曹操之子曹丕逼汉献帝让位,自己称帝。可曹丕绝对没有想到 45 年后,司马炎会重演他的"禅让"故事,废魏元帝曹奂,自立为帝。野心勃勃的权臣,既想篡位,又想逃避篡位的恶名,于是便上演了这两次"禅让"的闹剧。篡位终于美化成为禅让,两人都成为尧舜般的"圣君"。

纵观历史,造成这种后果不外乎以下几点:第一,分裂的危机并没有消失,统一的社会基础还不成熟;第二,曹氏代汉,司马代魏,固然避免了全面崩溃的危险,但社会危机仍然存在。所以,历史的发展中,任何一件看似不合理的变化,其实都有必然的因素。

7. 东晋+

陶渊明的父亲陶侃是东晋的重臣,陶渊明家势显赫。在这样的家庭背景下,陶渊明的仕途一直走得很顺。但当他的仕途到达一个高峰时,两件事改变了他的人生。其一是陶侃卷入宫廷的权势之争中,虽没有被诛九族,但被削去官爵,令其忧郁而死。陶家由名门望族一下子成为庶民。而另一件事更使陶渊明震惊:曾因指挥晋军取得淝水之战的胜利而功勋卓越的宰相谢安,被皇帝处死。这两件事使年轻的陶渊明看到了政治的黑暗,索性也弃官归田,回家务农。

而后,因为家境窘迫,他为生计而不得已再次走上仕途,当了一名参军。37年的官场生活使陶渊明痛苦不堪而又无计可施,最终退出官场。

归园田居后,不肯为五斗米折腰的气节和对劳动人民的同情,又使他执笔从文,于是《桃花源记》诞生了,并流传千古。

8. 西晋+✕

说到西晋,我便想到了在湖北襄阳山的一块"堕泪碑",它是为纪念西晋军事家、政治家羊祜(hù)而树立的。

晋武帝为了平定东吴,派羊祜驻守边境。可是很多人质疑羊祜,说他是一个不合格的将军。他们为什么这样说呢?

有一次,部下从边境带回两个孩子,一问知是东吴边将之子,他便下令立即派人送回。部将不解:"为何不留下当作人质?"羊祜只是一笑置之。部将便认为羊祜不是一个会战的将军。又有一次,东吴大将进犯夏口,被活捉。羊祜以礼相待,教育一番后,将其放回东吴。部将更是不解:"战败之将,理应正法。"羊祜却说:"胜之不武。"于是部将又说他不是个善战的将军。羊祜喜欢打猎,每次和部将在边境游猎,遇到吴将射伤的野兽被自己手下捕获,总是命人送回,于是部将又说他不是一个霸气的将军。羊祜出了名地对部下好,于是晋武帝说:"一个优秀的将军,应懂得奖罚得当。"所以说他不是一个合格的将军。可羊祜取得了最后的胜利。这种胜利,不仅仅是战场上的胜利,还是军事人格上的胜利。

几千年过去了,石碑依旧立于襄阳山上,让人们记住那位优秀的军事大将,也让我们明白了战争的胜利不仅仅是兵戎相见的胜利,更重要的是一种军事人格的胜利——"从善制军,不战而胜"。

9. 西晋+

周楚从小身强力壮,喜欢斗殴闹事。当他听乡亲们说长桥的蛟龙是一害,南山的猛虎也是一害时,他就与蛟龙斗了三天三夜,把蛟龙杀了。之后,又上南山,把南山的猛虎也杀了。

他高高兴兴地下山,但乡亲们都不理他,全都避他而行。后来他才知道,原来乡亲们说有三害:一是蛟龙,一是猛虎,还有一个就是他。于是,他离开家乡,上山拜师习武。后来,他终成大事,而且为官清廉。

周楚的一生告诉我们,不论你以前如何,只要痛改前非,重新做人,依然会前途无量。

五、案件讲述练习

1. 案件讲述

20世纪50年代,在山东、河北交界处的军事禁区里的一位苏联军事技术专家伊哈诺娃,悄悄地来到北京最高层领导人处,惊慌失措地报告了她房里发生的一起盗窃案件。盗窃者潜入她的房间,不仅偷去了首饰和照相机,而且撕下了秘密笔记本的两页。这两页上写着她正在研究的重要军事设备资料。这个消息,在寂静的夜晚像爆炸了一颗原子弹。军事禁区里的监控系统十分严密,有士兵24小时严密把守,楼内也都安装了监视器,一般盗贼很难进入。显而易见,这肯定是潜伏在军事禁区里的国际间谍所为。这起案件引起北京军区和公安部的高度重视。公安部立即派出阵容强大的侦察队伍,而且规定每两个小时向北京最高层领导报告一次侦查情况。

焦虑的公安局长突然想到了"北方名探"鲁奉节。鲁奉节在英国学过现代侦察技术,破过不少刑事案件。但此时,他正陷入一个不小的政治麻烦中,差一点带上"右派分子"的帽子。此人个子矮小,相貌极其普通,穿了一件已经泛白的帆布外套,脚上的鞋看得出已穿了好几年,因为已经变形了。

鲁奉节以一个尴尬的身份来到案发地之后,花4个小时听案情介绍,花3个小时看材料,然后又找那位遭遇失窃的苏联专家谈了谈,当天晚上10点钟就召集会议宣布他的判断。他说:"这是一起普通的刑事案件,没有一点军事谍报性质。"在场的人目瞪口呆,场上一片寂静,仿佛空气都凝结了。之后,大家重炮齐发。有的人说"不可思议",有的人说"可笑之极",有人问"那失窃的两页军事笔记怎么解释"?鲁奉节胸有成竹地回答:"笔记本有30页与失窃的两页同等重要,为什么不把整个笔记本偷走?除非是笔记本太重,但偷走的照相机比笔记本重十倍。因此,撕走那两页只是出于一种临时性的需要。""什么需要,请你解释。"有人问。"可能是小偷突然内急,充当了手纸。"鲁奉节解释。

会场爆发出一阵笑声,但鲁奉节的逻辑十分严密,笑声渐渐停止了。果然,人们只花了半个多小时,就找到了充当手纸的两页笔记。而最后捕获的罪犯,确实只是一个对军事情报一窍不通的普通小偷而已。

我们现在来说这个案情只觉得有趣。但请设想一下,在那个时候,鲁奉节在几个小时内得出这个结论是多么不容易。他面临的情况比福尔摩斯所面临的还要复杂,他承受的压力是无法言表的。文界、军界和警界的最高层都做出了自己的结论,这些结论综合了国际形势、军事动向、内部情报,而且关系到这些高官的尊严,层层叠叠的尊严加在一起,下级实际上已经很难提出不同的意见了。于是,尚未侦破的案情出现了两个走向:领导心中的走向和实际发出的走向。在多数情况下,前一种走向更强大。

他们的判断也代表了当时当地的一种共同的思维定式。在这种情况下,要让自己的耳朵、眼睛与周围隔绝,只是一门心思地注视现实物证,实在很不容易。鲁奉节做到了,他终于抬起头来,平静地说出那两页军事资料的唯一去处,那种滑稽的情景里有一种罕见的崇高。

2. 案件讲述

2005年10月19日清晨,村民老付到邻居家串门。刚一进门,就发现屋主付锡劳躺在血泊中,还有一丝气息。而他的老伴躺在他的身旁,已经断气了。老付找来屋主的侄儿,将付锡劳送到医院。但最终因为伤势过重,付锡劳在途中就断了气,至死没为案情留下任何线索。

这就给警察留下了一个难题,究竟是谁能对两位老人下此毒手呢?经调查,排除了外人作案的可能,将目光锁在了200多号村民当中。

村民反映,死者在村里有一个远房亲戚——小波。那会不会是他干的呢?但小波只有16岁,怎么会杀死自己的叔公、叔婆呢?应该不可能。

还有一个人——阿华。他曾和死者一起购买了地下六合彩。但是阿华却有当晚不在场的证据,也被排除了。

与此同时,警方在现场发现了一个血脚印。通过测量,留下这个脚印的人身高应该在1.7米左右。可是,16岁的小波和个子很矮的阿华都不可能。于是案件陷入了僵局,没有一丝头绪。

就在警方十分困惑的时候,突然出现了一线转机:警方在小波家里发现了一双大小码与案发现场血脚印刚好相符的鞋子。而小波的父亲也证明这双鞋子就是小波本人的。于是,警方部属警力在县城的网吧里逮捕了小波。案情终于真相大白:小波早年辍学,还有偷东西的恶习。一天晚上,他到叔公家偷钱的时候,正好被叔公发现,他怕事情败露,就用菜刀将二老砍死。当问他为什么杀人时,他说:"我也不知道,只像电脑里一样,使劲儿地用刀砍砍砍!直到对方不能动为止。"这一切的罪魁祸首竟是网络游戏。就是因为沉迷于网络游戏,年仅16岁的小波在没钱玩游戏的情况下有了偷的念头,最终走上了不归之路。

案件结束了,在这里我们看到网络游戏给青少年带来的危害。我还想说的是,从破案的角度看,往往最可能的事情却最不可能,而不可能的事情却最有可能,很多事情都是偶然中之必然。

3. 案件讲述

一天,一个收破烂的人匆匆跑到警察局报案,说是看见杀人了。于是,警察立即赶到现场,发现在废弃大楼的楼梯口,一具男尸躺在血泊中。

经辨认,该男子是附近一家金店的老板,非常富有。警察通过现场勘查及对目击者的询问后,初步断定作案人是一名女子。于是,警察开始查找与被害人经常联系的女子。最终找到了两名嫌疑人:一个名叫秀秀,一个名叫小林。

秀秀是一个非常清纯的女孩,家庭条件不错,但很爱赌博。通过一番审问后,得知:案发时(晚10点左右),秀秀正在与朋友打麻将。当小林走进审讯室时,警察看到,她的颈部及脚部都有明显的拉伤痕迹。而小林的解释是:昨晚和男朋友吵架时弄伤的。难道世上真有如此巧合的事情?可是警方审问了小林的男朋友之后,发现小林的话是真的,也只好将小林排除。

正当警察的调查毫无进展的时候,一个大型的编织口袋引起了大家的注意。口袋是压在死者身体下面的,在袋面上有个"唐"字。经过调查得知,这种特殊的编织口袋是专门用来装干辣椒的,上面的"唐"字是姓。因为发货点只有一个,为了方便收货人领取货物,就在口袋上写上收货人的姓。这一发现对破案起到了关键作用。警察开始展开大规模的搜查,终于在一家小杂货店内发现了多个一模一样,就连"唐"字都一样的编织口袋。于是,警察赶紧对杂货店的老板进行了审问。老板是一个年过七旬的老头,在案发的当晚,他一直待在自己的杂货店里,没有离开半步,附近的邻居全都可以为他作证。正当警察想离开的时候,一张照片进入了他们的视线。照片上,母亲挽着孩子的手。警察觉得有些眼熟,原来那个小女孩叫"唐秀娟",小名就叫"秀秀"。一种喜悦涌上了警察的心头。

这一次,秀秀刚进审讯室就交代了一切。原来,秀秀因为手气不好,赌博时一输再输,心急如焚之下萌生了抢金店的念头。她将金店老板骗到废弃的大楼里,趁他不注意的时候将他从窗口推了下去。由于楼层低,金店老板没有摔死。于是,她在金店老板的胸口上捅了致命的一刀。正当她想把尸体装进编织口袋的时候,有人来了,她就匆匆逃跑了。

通过这个案件,我们看到一个清纯女孩变成杀人凶手的真实过程,更让我们深刻认识到:赌博是罪恶之源。

第六单元　逆向思维与语言表达

第一部分　理论概要

逆向思维是对司空见惯的似乎已成定论的事物或观点反过来思考的一种思维方式。敢于"反其道而思之",让思维向对立面的方向发展,从问题的相反面深入地进行探索,树立新思想,创立新形象。

逆向是与正向比较而言的,正向是指常规的、常识的、公认的或习惯的想法与做法。逆向思维则恰恰相反,是对传统、惯例、常识的反叛,是对常规的挑战。它能够克服思维定式,破除由经验和习惯造成的僵化的认识模式。

逆向思维还能使我们的思维更活跃,反应更灵敏,对眼前的事物迅速作出准确的判断和决策。

第二部分　教学内容及同步练习

一、春、夏、秋、冬定逆向练习

用春、夏、秋、冬四个季节,先做每个季节的正向、逆向思维练习,然后再做春、夏、秋、冬四个季节混合起来的正向、逆向思维练习。

二、绘画描述练习

讲解浪漫主义绘画。介绍巴洛克代表德国画家彼得·保罗·鲁本斯的作品《劫夺留西帕斯的女儿》(见图13),西班牙画家迪埃哥·委拉斯开兹的作品《纺织女》(见

图 14)、《卖水的老人》(见图 15),荷兰画家伦勃朗·凡·瑞恩的作品《杜普教授的解剖课》(见图 16)、《夜巡》(见图 17),约翰内斯·维米尔的作品《倒牛奶的女仆》(又名《厨娘》,见图 18)。用以上画家的作品做正向、逆向思维练习。

三、历史评述练习

用南北朝时期的政治、经济、文化、人物做正向、逆向思维练习。

四、国内地理评述练习

用国内城市的人文、地理、环境等做正向、逆向思维练习。

五、国外地理评述练习

用国外城市的人文、地理、环境等做正向、逆向思维练习。

六、现实问题评述练习

用现实问题做正向、逆向思维练习。

七、正话反说练习

用反话说出正理(表面否定,实际肯定),得出正确结论。

八、热点问题辩论练习

以上练习结束后,可根据需要找一些辩论题,结合现实生活进行辩论,尤其是当前社会的焦点、热点问题。正方和反方进行充分论述的练习,不仅能活跃学生的思维,而且会让学生对辩论的问题有明晰的认识,同时也为学生不同思维方式的运用提供良好的实践机会。

第三部分 教学目的与要求

(1)正向思维的论据一定要清楚、明确。可将论据分成若干条,并注意论据之间的逻辑关系。

（2）正向思维的结论要合理，不能想当然。

（3）逆向思维要根据正向思维的论据、论证，进行完全相反的论述，而不能丢掉正向思维的论据、论证，笼统地进行相反的论述和反驳。

（4）思路清晰、反应迅速。开始训练时，可由一位同学单独完成一个题材的正向、逆向思维练习。之后，可由一位同学完成正向思维练习，立即由另一位同学完成逆向思维练习，速度要求越来越快。

（5）四个季节的练习开始时，可将四个季节分开，每个季节单独做。熟练后，再把四个季节混合起来做。

（6）历史部分的正向、逆向思维练习，资料一定要有选择。有的资料可以做正向和逆向思维练习，而有的不能做。所以，必须进行资料的选择。

（7）正向、逆向思维练习中的论据、论证，要求绝对反差，要针锋相对，尖锐犀利，直接反驳，不能有任何含糊其辞。

（8）正话反说练习，要求学生做到轻松幽默，举重若轻，缓解紧张氛围，丰富语言色彩。

第四部分　学生作业例稿

一、春、夏、秋、冬正逆向练习

1. 春季

正向：我喜欢春天。春天是萌发的季节，阳光和煦，万物复苏，鲜花绽放，草木变绿，到处生机勃勃。春天还是开始的季节，俗话说得好，春天伊始，万象更新。春天还是我们自己的季节，它象征着生命中的青春时代，在春天总有很多期盼和希望。我喜欢生机勃勃，我喜欢更新，我喜欢年轻的季节。

逆向：我不喜欢春天。没有冬天的积累，哪里有春天的萌发和生机？春天的复苏，功劳应归于寒冬的酝酿。开始并不重要，结果最重要，而虎头蛇尾最不好，我更看重后来居上，厚积薄发。期盼和希望太多，往往是空想，相对失望也越多。在青春的季节里，青年人成功的是少数，而更多的人是体味失败，所以我不喜欢春季。

2. 夏季

正向：我喜欢夏季。夏季是最热烈、最美丽的季节。繁茂的树木、盛开的花朵、暴露的新潮服饰、海边游泳……所有的热情都可以释放。夏季还可以吃各种冷饮，任何人都逃脱不了火辣辣的感觉，到处都充满激情。我喜欢夏季的霸气。

逆向：我不喜欢夏季。夏季是焦炙的季节,热风、热浪使人无比烦躁。不是释放,而是消耗。繁茂的树木、杂乱的花朵都到了极致,极致就是凋零的开始。"象腿熊腰"还需遮挡,不能暴露。冷饮更是使钱包空空的诱惑。夏季不是霸气,而是一种浮躁和张扬。因此,我不喜欢夏季。

3. 秋季

正向：秋季是丰收的季节,正所谓春华秋实。在这个季节,可以品味人生的喜悦。秋天又是金色的季节,金色是宝贵和拥有。当阵阵秋风吹过,在一片金黄中,那红红的枫叶特别醒目,立即让人想到"霜叶红于二月花"的诗句。秋天又是放飞的季节,当你手中的风筝在天空飞翔,就像自己在广阔世界遨游。秋高气爽,秋季是一个宜人的季节,是沉浸在轻松快乐中的季节。

逆向：秋季是一个肃杀的季节,当颗粒无收时,就是饥饿和贫困。不是秋高气爽,而是秋风、秋雨愁煞人!在一片凄凉中,那浓浓的红叶显得如此不合时宜。当衣不遮体、食不果腹时,还有什么心思放飞风筝。沉浸是什么?沉浸就是放纵,沉浸到最后就是不能自拔。

4. 冬季

正向：冬季的雪给人们带来了银色的世界。漫天飞舞的雪花有无限的活力。眼前的世界变得纯洁、干净。寒冷使人们的心态平静、冷静、理智,所以冬季是沉思的季节,既思考当年,又准备来年。冬季还是一个轮回的终点,又是新轮回的起点,而它孕育的每一次轮回都是一次升华。

逆向：冬季的雪使人感到更加寒冷,雪花的融化是雪上加霜。眼前一片苍白,颜色单调、惨淡。动物们很多都在冬眠,人们也蜷缩在室内,忍耐寒冷。到处一片死寂、苍老,感觉已是生命的终点。没有理智和思考,只有绝望。一切都是重复,日复一日,月复一月,年复一年,周而复始,永不改变。

5. 春、夏、秋、冬的花

正向：《红楼梦》中的薛宝钗经常吃一种药叫"冷香丸",它由四种花调制而成:春天的牡丹、夏天的荷花、秋天的菊花、冬天的梅花。牡丹象征朱门的雍容华贵;荷花象征自律,出淤泥而不染;菊花象征高洁潇洒;梅花象征傲骨,不媚俗。这四种花的性格都值得我们思考和借鉴。

逆向：牡丹虽宝贵,但骄奢淫逸,所以有"朱门酒肉臭,路有冻死骨"的诗句;荷花洁身自好,但只知自扫门前雪,哪管他人瓦上霜;菊花是隐君子,实际是逃避现实,不敢直面人生;梅花过于孤傲,不易与人合作,更没有团队精神。因此,这四种花的性格我们绝不能在做人上效仿并借鉴。

6. 春、夏、秋、冬的雨

正向：我喜欢雨。我喜欢春天的雨，春雨润物细无声，总是默默给予你帮助；夏季的雨酣畅淋漓，帮你冲刷掉所有的郁闷和痛苦；秋季的雨绵绵长长，循循善诱，语重心长；冬季的雨报知春天的来临，在困境中给你安慰和希望。四季的雨就像四种人，这四种人都能做你的朋友，都是我们所需要的朋友。

逆向：我不喜欢雨。春雨有一种摸不着、看不透的感觉，无法依靠和信赖；夏天的雨过于直接，不讲究方式方法，坏的好的通通冲刷干净，而且喜怒无常；秋雨绵绵湿衣裳，十分难缠，经常让人感冒受凉；冬雨则是雪上加霜，落井下石，冷若冰霜。四季的雨就像四种人，这四种人都不能做我们的朋友，一定要和他们保持距离。

7. 武则天

正向：春天的太阳很温暖，给万物以生机和力量；夏天的太阳热情奔放；秋天的太阳柔和清丽；冬天的太阳给寒冷送来希望。历史上有这样一个女人，包含了四种太阳的美。

武则天像春天的太阳，总有一种向上的力量，即使是男人，对她也不敢小视；她像夏天的太阳，充满激情，光芒万丈；她像秋天的太阳，她的妩媚让男人们拜倒在她的石榴裙下；她也像冬天的太阳，在寒冷中，照旧散发着金光。所以，武则天是一个集美貌、才干于一身的女人，不愧为一代女皇。

逆向：春天的太阳使人慵懒，夏天的太阳令人焦躁，秋天的太阳使人悲伤，冬天的太阳死寂凄凉。

武则天像春天的太阳，让男人无力抗争，正应了"红颜祸水"的说法；她像夏天的太阳暴烈、焦躁，她为了实现野心，动用酷刑，不择手段；她像秋天的太阳，用自己表面的妩媚，掩盖她杀害自己骨肉亲人、获取权力的真相；她还像冬天的太阳，虽竭尽全力，也抵挡不了严寒，避免不了晚年孤独的下场。所以，武则天是一个历史上有名的野心勃勃、自找苦吃的女人。

8. 湘江

正向：我喝着湘江水，长在湘江边。我爱家乡的这条江，爱它的所有表情——春、夏、秋、冬。

春天，当绵绵春雨朦朦胧胧下起来的时候，在湘江大桥上俯瞰湘江，顿时会觉得步入了人间仙境，绵绵细雨与江水冒出的雾气形成一片，布满大地。深深吸上一口，沁人心脾。

夏天的湘江是欢乐的江。和小伙伴们一起在江边游泳、打水仗，尽情地玩耍，不亦乐乎。

秋天的湘江是繁忙的江。江上有大大小小、高高低低、各式各样的船,每天川流不息,来来往往,一片繁荣景象。

冬天的湘江十分安静。江面上结了冰,拾起一块石子,往江面一扔,"嘣"的一声,像是一片宁静中飞来的天外之音,非常有趣。

我爱家乡的这条江,这条时动时静、带给我无限欢乐的生命之江。

逆向: 我从小长在湘江边,我不喜欢这条江,因为它带给我许多不便,还有很多让人痛心的往事。

春天绵绵细雨下个不停,绵绵细雨与江上的雾气混合在一起,朦朦胧胧,很难看清脚下的路,总有一种要迷失方向的恐惧感。因此,每年都有不少惨不忍睹的交通事故在湘江大桥发生。

夏天,江水暴涨,湘江像一个无情的魔鬼,吞噬了无数幼小的生命,使无数家庭失去亲人。

秋天的湘江是杂乱的江。来来往往的轮船拥挤在江上,鸣叫的噪音让人彻夜难眠,排出的污水污染着湘江两岸。

冬天的湘江,一片苍白,死气沉沉,毫无生气,静得让人窒息。

我讨厌湘江,讨厌这条残忍、嘈杂、拥挤、肮脏、令人担忧、心烦的江。

二、绘画描述练习

1. 彼得·保罗·鲁本斯作品《劫夺留西帕斯的女儿》

正向: 巴洛克艺术是一种个性解放的艺术。通过画面的动感,我们感到一种欲望压抑后的释放,看到了人性的解放。天上飘浮着游动的云,增加了这场劫夺的浪漫,似乎这种劫夺天也认可。两匹马黑白对称,白马高高抬起前蹄,嘶鸣着,为主人助威。黑马头侧向劫夺的现场,好像随时准备迎接女主人的光顾。红色的披风增添了这场劫夺的热烈。赤身男子肌肉发达,有一种男性的阳刚之美。披黑色盔甲的男人,似乎刚从战场胜利归来,显示着英武。两个女人虽然身体扭曲,但并没有强烈挣扎,面部表情只是一种惊奇和意外,她们可能没有想到爱情来得如此突然。两个小天使脸上也有着幸福的微笑,尤其是左边的一个,眼睛看着人们,好像在说:"看吧!我的箭射得多么准!"另一个小天使拍打马匹,表达自己的快乐。劫夺是在郊外,是在光天化日下进行的,说明无须遮掩和防范,只要爱的真挚,怕什么?这场劫夺不是轻浮的。地下的草木树丛的暗绿色,衬托了劫夺的庄严和凝重。总之,只要是真情真心,那就大胆地劫夺自己的爱情吧,幸福一定属于你!

逆向:《劫夺留西帕斯的女儿》这幅画表现了以自我为中心的个人主义。画面狂乱,让人看到了暴力和人性的泯灭。这种劫夺上天也震惊,白云仓皇飘离,黑云即将压顶,有一种不祥之兆。两匹马的对称,表达了它们的同感。白马为主人的暴力而惊恐,嘶鸣着抬起前蹄,准备逃跑。黑马无奈地看着主人,为主人的行为而羞愧。红色披风更增加了劫夺的血腥。赤身裸体的男子,让人明白了什么是野蛮和兽性。穿黑色盔甲的男人,表现出了铁面和冰冷。两个女人身体扭曲,嘴张开着,一只手高高抬起,显然是在求救。尤其是下面的那个女子,已经要倒在地上,手似乎仍然要抓住什么依靠。一个小天使像是在拍打着马,十分懊悔。另一个小天使睁大着眼睛,好像在说:"我的箭怎么又射偏了?"因此,一只手抬起,要阻止这场劫夺。这场劫夺是在郊外光天化日下进行,可见当人没有了理智,是多么的无耻!地上所有植物的颜色都变得暗淡沉重了,可能也在为人类的这种行为而感到羞愧。总之,爱情不能完全没有理智,更不能一厢情愿。俗话说得好,强扭的瓜不甜。劫夺的爱情,不会有幸福!

2. 委拉斯开兹作品《纺织女》

正向:生活是美好的。

站在窗帘旁的纺织女轻轻将窗帘拉开,阳光立刻射进了屋。纺织女们在这温暖的环境中交谈着,充满欢声笑语,制造出和谐、美满的气氛。

中间身着红色裙子的纺织女看上去透着几分青春的美丽。红色的衣裙正象征了纺织女对美好生活的向往,她们拥有着无比炽烈、火热的心。

纺车轮飞速向前转动,它似乎在为这一群纺织女平和、坦然的生活发出欢快跳跃声,也象征着纺织女的生活如纺织车般不断滚动,在平静中充满幸福、快乐。

逆向:生活是暗淡的。

纺织女只有将窗帘拉开才会得到光亮。而即使这样,光亮也是有限的。如此暗淡的光线并不会使她们感到温暖。

画面中间的一位纺织女虽身着红色衣裙,但裙子却不太合身,有些肥大,可能是主人施舍的。

纺织女成天劳作,根本无法改变自己的命运和沉重的心情。

纺车盲目转动,也好比这群纺织女对未来生活的无知、无望,只知劳作,不知思索,所以,她们未来的生活永远都是穷困和痛苦的。

3. 委拉斯开兹作品《纺织女》

正向:这幅作品给人一种和谐的视觉效果。

整幅作品给人的感觉是层次分明的。画面中共有两个环境:一个是作品的纵深处贵妇人的生活环境;另一个是前景处普通劳动妇女劳作的环境。看上去,她们没有冲突,互不干涉。

画面左边是一位消瘦的中年妇女,手里摇着纺车。她的脸侧向身边的另一位妇女,也许正在向同伴炫耀自己可爱的儿子,也许在期待着晚上回家与心爱的丈夫共进晚餐。

右边背对着我们的妇女,左手正在纺着线。她头抬起望着贵妇人的室内,也许是在欣赏贵妇们身上华丽的服装,也许是在欣赏和享受着自己的劳动成果,并为此感到喜悦。劳动是快乐的!

逆向:这幅作品给人一种不和谐的感觉。

从画面明暗对比上来看,虽然画面近处是劳动妇女的生活环境,但是色调却明显地比远处贵妇的生活环境暗许多。光线对比得如此强烈,是一种不协调,让人感到压抑,可以看出当时社会的贫富差距。

左边一位瘦弱的妇女,佝偻着身体纺着线,脸侧向同伴,表情悲伤,似乎想竭力寻找一种安慰,而另一位妇女也无法顾及同伴,因为她们都处在水深火热之中。

右边背对着我们的妇女,左手无力地摇动着纺车,眼睛望着室内的贵妇人,似乎在哀叹生活的艰辛与命运的不公。她们的劳动是多么地艰辛和无奈!

4. 委拉斯开兹作品《卖水的老人》

正向:画面的主体是一位老人,他脸上的皱纹像深深的沟壑,可以推断他饱经风霜。面前陶罐的裂纹,说明使用时间的久远。老人握着陶罐和杯子的手十分粗糙,是一双劳动了一生的手。他身上色彩简练,红色的外衣、白色的内衣,感到老人一生灵魂的纯净,甘愿付出、给予他人的由衷、诚恳、热情。男孩的眼神表示了对老人的理解和关注。生活就像四季,不停地轮回交替,在轮回交替中传承、发展、变化。老人是坦然安详的,因为他知道,生命中最宝贵的光华一定会有人接替,并代代传承下去。

逆向:画面的老人满脸皱纹,皮肤粗糙,很明显他是一个贫困了一生的人。面前有裂纹的破陶罐是伴随他一生的陈旧工具。就是靠这样的简单工具来勉强维持生活。他的手是一双笨拙的手,根本没有什么创造力,只能过穷苦的日子。身上红色的外衣颜色已十分暗淡、破旧。白色的内衣也很不洁净。这一切都表明了他对生活及对自己生命延续的无奈、无望。男孩冷漠傲慢,他关注的就是杯中的水。四季是轮回交替的,但生活是周而复始的,凝固而没有希望。通过老人呆板、木讷的眼神,可以感觉到他生命的暗淡。这样的人生,无须传承;结束这样的生活,了无遗憾。

5. 委拉斯开兹作品《卖水的老人》

正向:看着这幅画,给我印象最深的是男孩的眼睛、玻璃杯,还有老人的手。从一个角度刚好构成一条线。就是这条线,让我对人生有了新的认识。

我们可以看到,这是一只非常干净漂亮的玻璃杯,在阳光的照耀下,更显得晶莹剔透、光芒耀眼。我想,这个老人一定是每天要擦它很多遍,让每一位客人都能用到这漂亮的杯子。所以,当小男孩拿到这杯水时,他的目光并不在杯子上,而是在老人一件破旧的衣服上。从他惊讶的眼神可以看出,他很疑惑,在穷苦劳累的生活压力下,为什么老人还会如此乐观,把杯子擦得如此明亮,就像擦亮他的人生一样。男孩并不明白,幸福往往分很多种,有锦衣玉食的幸福,也有平凡简单的幸福。只见老人把一只手放在水罐上,他知道自己触碰的就是平凡甚至贫穷,但他依然乐观,依然相信穷苦劳累的生活也有崇高的情趣。老人的乐观让我们感动,同时让我们知道,幸福其实很简单,关键在于把握现在,珍惜所有,坚信你所拥有的就是最好的。

逆向: 当我看到这幅画时,给我的感觉就是一种生活的艰辛、幸福的不易。画中这个玻璃杯,晶莹剔透,十分耀眼,但谁又知道在耀眼的背后,包含了老人多少的艰辛与汗水。它是老人唯一谋生的工具。为了生计,他只有拼命地擦干净杯子来吸引顾客的光临。而眼前的这位小顾客却根本没看这杯子。从他异样的眼神里,我感觉出一份不屑、一种鄙视。面对这一异样的眼光,老人无言以对,他只是伸出手触碰着水罐。那是一双饱经风霜的手,上面布满岁月沧桑的痕迹,似乎无论怎样的奋斗,现实的残酷还是让他感到无奈与无助。他得到的不过是如水罐般贫困的生活。也许我们只有真正经历了磨难,才会了解奋斗的艰辛,幸福的来之不易。

6. 伦勃朗·凡·瑞恩作品《杜普教授的解剖课》

正向: 当我看到这幅画时,首先是被它的构图所吸引。因为它的构图突破了以往的呆板排列,而是看似无序却又把每个人都结合在了一起。光线的运用也突出了画面的重点。

在画面中用得最多的颜色是黑色。黑色给人的感觉是庄重的,正是黑色的衬托突出了重点。

画面中的光线是从左边射进来的,正好照在了尸体和所有人物的脸上,使人物的脸部被描绘得更加传神,既刻画出了人物的眼神,也突出了画面的中心,还与黑色的背景形成了巨大的反差。同时,通过眼神、光线、白色,显示出神圣与纯净。

最靠近尸体的那个人的外衣是暗红色的,让人感到富有生机。

这幅画是很庄重的一幅画,反映了当时人们对医学科学的探求。

逆向: 虽然这幅画有了创新,使画面有了新意,但是更突出了这幅画当中的尸体,让人看了很不舒服。

在画面中,布满了无限的黑色,就像黑夜般沉重压抑。大面积的黑色也产生了无限的恐怖。

在这幅画中,光线从左边射进来,突出了人物的面部表情。然而,正是这光线,使尸体和人们的脸色显得更加苍白,让人感到空气中也弥漫着冰冷的气息。

在那最靠近尸体的人身上穿着一件暗红的外套,仿佛那暗红色是被那污血染成的一样,有股血腥味儿。

这幅画是一幅冰冷得让人窒息的绘画,感到人们对人类疾病和死亡的无奈及束手无策。

7. 伦勃朗·凡·瑞恩作品《夜巡》

正向:这是一幅强调光线明暗艺术效果的油画,是伦勃朗为16名军官画的集体肖像。描绘了军人们接到命令时紧急集合,整队出发迎接战斗的情景,整幅画突出了紧张、不安的气氛。我们可以首先看到右侧处于半昏暗处的击鼓人,他面部紧张,让我们仿佛听到军人们出发前擂动的战鼓声。画的左侧最光亮处是一个拔腿欲跑的小女孩,脸上更是突出了小女孩特有的大敌当前的惊慌失措的表情。整幅画突出刻画了两位正在说话的军官,他们在认真地商讨这一次出击的战略对策。这是一幅突出一支训练有素的队伍即将出发迎战的图画。

逆向:这是一幅强调光线明暗艺术效果的油画,是伦勃朗为16名军官画的集体肖像。描绘了军人们整队出发迎接战斗时的情景,但这幅图画却没有嗅出一丝迎战前的紧张气息。我们首先可以看到右侧处于半昏暗处的击鼓人,他虽然面部表情有些紧张,但视线却落在别处,让我们感觉他似乎更关心其他事情,而并非这场战斗。画的左侧最光亮处是一个拔腿欲跑的小女孩,让人感觉她是误闯军营,实在是可笑之极。整幅画突出刻画了两位正在说话的军官,可是他俩的表情却悠然而闲适,让人觉得他们是在聊天而并不是商讨军情。所以,这幅迎战的图画并没有紧张气氛,显得散漫而慌乱。

三、历史评述练习

1. 南北朝之禁酒令

正向:中国人自古爱酒。三国里的曹操与刘备青梅煮酒论英雄;水浒里的武松几杯酒下肚后,敢上山打猛虎;而大观园里的群芳也爱玉杯小酌,几尽风雅。史湘云酒醉后,"半被落花埋",那份红颜娇态更是风情万种。就连跳出三界之外的美猴王也会贪杯,你能说他偷吃仙丹,大闹天宫,不是借了几分琼浆玉液的酒胆?可见,无论美人、英雄,皆对酒情有独钟。

然而,中国历史上却有一段时期明令禁酒。这纸禁酒令来自于南北朝。首先是孝明帝,由于当时四方多事,加之水旱灾害,经济萧条,国库空虚。百姓们温饱不足,怨声载道。然而一方面粮食不足,另一方面官民皆爱饮酒,每天大量粮食用于酿酒。于是,孝明帝下令:断绝向百官及民众供酒。这样一来,每年节约下来的粮食就相当可观了。

到了北魏孝文帝时期,禁酒的原因有了一些改变。《魏书·刑罚志》这样记载"是时,年谷屡登,士民多因酗酒致讼或议主政。帝恶其如此,故一切禁及……"看来,这次禁酒与前者正好相反。而是因为粮食丰收了,人们有了闲钱,无节制饮酒后闹事,才使孝文帝痛下了禁酒令。

其实,如果我们仔细想一想,就不难发现:虽然两次禁酒诱因不同,然而其根本目的却惊人相似——都是为了稳定政局。前者怕百姓吃不饱饭闹事,后者担心酒后议王政,引发动乱。禁酒令解决了这些问题,安定了社会。这比起血腥镇压,可谓高明之举,四两拨千斤。

逆向:中国人从古到今就与酒有缘,对于英雄、文豪更是如此。曹操曾感叹:"何以解忧?唯有杜康。"而李白也豪言:"人生得意须尽欢,莫使金樽空对月。"可见,酒实际上更多的是中国人的一种精神寄托。而孝明帝却剥夺了这个精神载体。他在人们原本就很痛苦的时候抢走了这唯一的精神寄托,使人心无所依托,倍感无望。北魏的孝文帝更是掩耳盗铃,妄图用禁酒令来禁掉人们言论自由的权利。作为一位英明的君主应该懂得"酒后吐真言"的道理。如果强行把人们精神宣泄的权利都剥夺了,那将会造成更大的混乱,且一发不可收拾。

酒,原来就可作为人们的朋友。欢时助兴,悲时消愁。历史上没有哪一个朝代因百姓饮酒而灭亡。南北朝的禁酒令实在荒唐。

2. 南朝

正向:在南朝时,南方生产工具和技术相对落后,大批的北方人迁徙过来,于是南北方在生产工具和技术上有了融合和发展,南方生产力也逐步得到提高。在当时,齐高帝要求皇孙亲族之间要相亲相爱,不能手足相残。有句诗说得好:"本是同根生,相煎何太急。"所以,齐高帝的要求也使得江山稳定,经济发展,政权没有动摇。在南朝时,有许多文人义士进行了改革,对南朝的文化发展起到了促进作用,为中国统一打好了基础。所以,南朝是中国发展史上非常重要的一个时期。

逆向:南朝时,北方人的迁徙产生了冲突,这种生产力不平衡造成的冲突,引起了许多不必要的战争和麻烦,国内动荡不断。齐高帝没有什么有效的政策措施,皇族兄弟只知道"一山不能容二虎",所以发生了"虽是同根生,相煎也太急"的现象,从而加快了内讧、争权,使外界有机可乘。文人义士的改革多而杂,政策变得盲目无章,加速了割据分裂,形成了"五胡十六国"的局面,使经济文化发展步入了停滞阶段。所以,南朝是一个不伦不类的朝代,它只是中国发展史上匆匆过渡的一个时期。

3. 北朝之花木兰

正向:"天苍苍,野茫茫,风吹草低见牛羊。"这句千古传颂的句子出自北朝民歌。

在北朝民族融合的大背景之下,民歌在更为广阔的天地间迎来了春天。有一位传奇的女子也被人们写进北朝民歌,并传为千古佳话。她就是花木兰。

从《木兰辞》中,我们可以读到她不同于寻常女子的传奇人生。她原来是一位平凡的女子,整日坐在织布机旁,伴随"唧唧复唧唧"的声音消磨时光。但当可汗点兵时,她宁静的生活被打乱。由于父亲年老体弱,弟弟年幼无知,家里找不出精壮男丁,于是她选择了女扮男装替父从军。当她跨上战马的那一刻起,她便不再是那个纤纤细腰的少女,而成了保家卫国的士兵。她过黄河,翻黑山,毫不回头地走上战场。

在金戈铁马的战场上,她又凭借超出男人的细心和不输男人的胆识屡建战功,成了让众人钦佩的一员大将。当战争结束,她却放弃高官厚禄,选择了辞官回家,侍养父母。

由于她的勇敢、坚毅和忠孝,让所有女子觉得扬眉吐气,让男子自叹不如,花木兰成了巾帼不让须眉的典范。

逆向:《木兰辞》是一首广为流传的北朝民歌。暂且不说这"同行十二年,不知木兰是女郎"的可信度,就算花木兰从军真有其人其事,但在那替父从军的人间悲喜剧背后,我分明看到了一颗寻常女儿心。

首先,她选择替父从军,并不是她从小就有"愿乘风破万里浪"的雄心。在那个动荡的岁月,面对家中的现实情况,她别无选择。人们往往只看到她的勇敢坚强,忽视了她原来无助的目光与无奈的选择。

当她离开家乡来到黄河边黑山下时,她听着黄河水的波涛声难以入眠。一个从未离家的年轻女孩,身处于全是五大三粗的男人的军营中,该是如何思念父母和家乡?

在战场上,她面对的是冰冷的刀刃和鲜红的热血。在那种不是你死就是我亡的情况下,根本就容不得她有丝毫"妇人之仁"。她不能露出女子的柔弱胆怯,否则她只有被杀死的可能。因此,为了保全性命,她也只有奋力杀敌。

等到归来面见天子时,她已是一身战功的英雄。然而面对赏赐,她却不敢接受。原因很简单:她在朝一日,女儿身的真相终有被拆穿的一天。她选择离开,回到家乡侍养爹娘,对她来说才是万全之策。

从以上种种,我们不难看出:花木兰根本就没有什么雄心壮志,她到最后也未摆脱小女人的情感,她希望的是像普通女子一样在云卷云舒的午后"当窗理云鬓,对镜贴花黄"。做一个孝顺的女儿、贤良的妻子、慈爱的母亲,才是她追求的幸福。

是历史赋予了她头顶的光环,是百姓的传颂给了她英雄的美名,花木兰其实是华冠之下的一个普通女子……

4. 南北朝之"江郎才尽"

正向： 我想，大家对于"江郎才尽"这个成语应该并不陌生，而我国古代的南朝时期也确实有"江郎"一人。江郎即江淹，是南朝时期梁朝的诗人，虽然出身贫寒，但是聪明刻苦。

他小时候曾经做了一个梦，梦见明亮的太阳在他的头顶上照着，总也不动。这时候，有人进来送给他一支彩色的笔。醒后，他把梦的整个过程告诉母亲，母亲高兴地说："太阳当空照，预示着你将要出人头地啦！别人送你一支笔，证明你会成为一个文人。这是多好的梦啊！"江淹听母亲这么一说，便更加勤奋。

由于江淹刻苦用功，很快就能写诗作赋，常常是下笔千言，一挥而就。不久就小有名气，人人都夸奖他，向地方官员推荐他。他很快得到赏识，做了官。

在齐高帝灭刘宋之后，南齐急需精通历史的官吏，地方官就举荐江淹。果然，江淹凭借自己对历史颇深的造诣，被任命为史官，和他的好友檀超一起负责编写梁朝历史。

皇上得知江淹很有才华，于是召见他，问："佛教是否利于国家和百姓？"江淹答说："佛教从来是利君不利民的，它只是君主统治人民的一种工具，只能麻痹百姓，不能挽救百姓。"江淹的回答很有远见，的确是有才之人。

由此看来，江淹的才智不仅仅是他具有的天赋，更重要的是他后天不断的努力。

逆向： 我想大家对于"江郎才尽"这个成语应该并不陌生。而我国古代的南朝时期也确实有"江郎"一人。江郎即江淹，是南朝时期梁朝的诗人，十分聪明。但是为什么会有"才尽"之说呢？

首先因为他小时候做的那个被其母亲认为是吉兆的梦。做梦本来是一个很普通的生理现象，而江淹的母亲却用迷信的方法来解释，这无疑会给江淹一种"我定会有所作为"的骄傲心理，也给后面的"才尽"埋下伏笔。

江淹确实有才，但是这样的才气是他在生活中一点一滴积累的，即使是做官，也应该一步一个脚印。而他却因为别人的推举做了官，靠的是"关系"，这样就给了他一种优越感，助长了他的骄躁。

江淹虽然能和檀超一起成为官吏，为梁朝编写史书，但是，他们除了编写史书，就知道吃喝玩乐，不思进取。

在皇上提问"兴佛教"一事中，江淹的回答虽字字珠玑，但并未提到"民生"，也未站在百姓的角度上去劝说皇帝不要"兴佛教"，只是答随圣意，满足皇上的需要。

虽然江淹少年有才，但是并未把才用于民，只顾自己的享乐，到后来做官只顾讨皇帝欢心，"才尽"是情理之中的事了。

传说中提到,江淹晚年时才华不及当年,再也写不出什么名言佳句了,故有"江郎才尽"一说。

四、国内地理评述练习

1. 成都

正向:川西平原上的"天府明珠",就是美丽富饶的成都。在成都生活了两年,这里的一切都打动着我,感染着我。

成都被誉为"休闲之都",最适宜人们居住。这里的人们每天清早泡上一壶茶,打开一包瓜子,拿上一副牌,就这样坐在露天茶馆,一边品茶,一边吃瓜子,一边玩牌,是多么地惬意!

成都小吃也是闻名全国的,各式各样,充分体现了四川的饮食文化。在马路上随时可以看到川妹子们一边走、一边吃、一边逛的场景,她们是那样地无拘无束,毫不在意别人怎么看,让人羡慕。

一份调查报告显示,成都私家车数量居全国第三,这也可以说明成都发展的速度和成都人的生活水平。

总之,成都是一个休闲、安逸、发展很快的城市。

逆向:也许我在成都时间还不够长,所以我很不能接受成都人的生活节奏,而且与"天府明珠"这个称号也不大相衬。

自古以来就有这样一句话"少不入川,老不入陕"。因为成都的休闲生活会让人消磨斗志,不思进取,从而无所作为。

成都小吃太多,且花样翻新,这就养成一个人好吃的坏习惯。

成都的私家车是多了,但很多人买车是为了满足虚荣心。虽然有了车,贷款却无法偿还。过多的车辆在马路上运行,排放出大量有害气体,不仅破坏生存环境,而且还造成交通堵塞和交通事故。

所以,成都是一个懒惰、虚荣、嘈杂的城市。

2. 上海

正向:上海是一个快节奏的城市,正是它的快节奏,让青年人觉得充满活力,生机勃勃。

上海的建筑非常有特色,既有具有欧洲古典风格的老房子,又有金贸大厦、东方明珠这样非常现代化的建筑。中、西、古、今的结合,表现了上海独有的文化和历史。

上海人十分精明,对自己的生活精打细算,把生活安排得井井有条。

黄浦江上来来往往的轮船,更增加了上海城市的紧张氛围。汽笛鸣响、船只进出,载着上海人的向往,也带来上海人的希望。

上海是如此地令人神往!

逆向:上海是一个使人感到压力过大和浮华的城市。

上海的建筑非常突兀,既有欧洲古典风格的老房子,又有金贸大厦、东方明珠那样现代化的建筑,整个城市不中不西不古不今,不伦不类,缺乏统一。

上海人总有一种小家子气,常常是勒紧裤腰带,掰着手指头过日子,一切安排都很死板,缺乏潇洒。

黄浦江上拥挤的轮船发出沉闷的汽笛声,更增添了人们内心的疲惫、焦虑和烦躁。

上海是一个我不喜欢也不想去的城市。

3.香港赛马

正向:在香港,赛马可以说是家喻户晓、妇孺皆知。不仅因为这项活动历史悠久,还因为它的广泛性、渗透性。在香港的很多地方,都能听到有人谈赛马。目前,香港的赛马项目可能是世界上最多的。马迷们向马投注,"买中"的就有可能获得高于注金几倍或上百倍的彩金。赛马业成了香港经济的重要支柱之一。

看赛马给人一种精神上的激励。过着紧张生活的香港人,闲暇之余看一场赛马,下一点赌注,也不失为一种调整心态、放松心情的消遣方法。而赌马实际买的是一种希望,虽然中奖率低,但在每场比赛之前,希望总是客观存在的。因此,也可以说,港人赌马是在不断体会希望的感觉。

逆向:我不喜欢香港的赛马。赛马业的昌盛,引来了全国各地到香港旅游的人的参与。赛马场拥挤嘈杂,使观看者原本紧张的心情更加紧张,有的老年人和有病的人在赛马场发病,实在得不偿失。

调节心理的方法有很多,运动、健身都很好。一味沉迷于赌马,只能使意志消沉,失去生活目标和追求。赌马中奖率很小,往往是满怀希望而来,败兴失望而归。赌马也像是向无底洞扔钱,总想中奖捞回来,却越陷越深,不可自拔。希望的实现不能靠碰运气,只能靠自己的努力。况且,追求和实现希望的过程本身更具有魅力!

五、国外地理评述练习

1. 乌兰巴托

正向:中国第一位皇帝秦始皇,穷尽一生之功,完成了一项雄伟的工程,那就是凝聚华夏精神的万里长城。当时建长城的目的只有一个:防卫突厥和匈奴的入侵。

然而,几千年后,峰回路转,这两只草原上孤傲凶猛的巨狼不再血腥地入侵他族,而是在大草原上建立了自己的国家蒙古人民共和国。它的首都是有着"英雄之城"美誉的乌兰巴托。

乌兰巴托是一个年轻的城市，人口有66.58万，其中70%的人口是小于30岁的年轻人，可以说是一座朝气蓬勃的城市。另外，乌兰巴托的季节反差极大，夏天有35摄氏度，而冬天却是零下40度，使得乌兰巴托人民的性格也如天气一般，爱憎分明。同时，乌兰巴托延续了草原狼那种团结友爱、互相帮助的高贵品质。所以，乌兰巴托是一个年轻又充满团结精神的城市，让人心仪。

逆向：秦始皇曾将六国的长城相连，当时是为了抵御草原上两个凶残而野蛮的外族：突厥和匈奴，于是就形成了今天蜿蜒于山谷峰峦的万里长城。

然而，秦始皇做梦也没想到，这两个让他寝食难安的民族能历经千年而生生不息，世代相传至今。如今，两个民族的子孙在大草原上建立了自己的国家蒙古人民共和国，他们的首都是乌兰巴托。

乌兰巴托是一个稚嫩的城市，66.58万人口中，竟然有70%是30岁以下的。从他们的人均寿命可以看出，他们的科技和医学是多么地落后。短短300多年的历史，使他们缺乏厚重的文化底蕴。另外，它的气候环境十分恶劣，夏天高达35摄氏度，冬天则在零下40度，这样的气候使得乌兰巴托人脾气暴躁，爱走极端。还有，乌兰巴托人承袭和保留了草原狼的那种自负、固执、暴力的习气，让人感到难以沟通。

2. 意大利

正向：意大利是美丽的半岛国家，既有悠久的历史、古老的文明，又是当今世界上的七大工业国之一。

意大利人生活态度是怎样的呢？从一个例子就可以看出来：意大利的厨师有一次在和面的时候，把面和稀了，无法收拾，于是干脆就把肉和蔬菜都放在面上一起烤。没想到，烤出来的食物香味扑鼻，成了今天风靡世界的比萨饼。从中我们可以看出意大利人的豁达和顺其自然，他们常常能从不如意中找到快乐。

意大利人的生活态度又与佛教的禅理有异曲同工之妙，那就是随兴、随机、随缘。其实，最好的生活态度正是顺其自然。因为这样的生活态度可以让你享受到生活中意想不到的乐趣，使你得到意外的收获和惊喜。

逆向：意大利悠久的历史、古老的文明在世界四大文明古国之一中国面前，似乎显得有些苍白无力。虽说是世界发达工业国之一，但比起英、美等国，仍有差距。

意大利人的生活态度让人不敢苟同。例如比萨饼的出现，其实是一个失误造成的。从中可以看出，意大利人做事的漫不经心，缺乏对自己的制约和对周围人的责任心。这样的失误显得杂乱无章。

佛教禅理有一句话，随兴、随机、随缘，而意大利人恰恰与此相反，他们是随意、随便、散乱。这样只能过很被动的生活，不可能有积极的创造，更不能主动把握机会和命运，生活仅仅是乏味的周而复始。

3. 日本

正向：日本人赠礼，不在乎贵重与否，而在乎它的精巧。礼品多是一些工艺品，让人感觉高雅。日本人还注重礼品的包装，哪怕是一盒小小的茶叶，也要精心打理，可以看出日本人很注重细节，尊重他人。他们送礼多用1、3、5等单数，认为单数吉利，但是忌讳9这个数字，因为在日语中，9与苦同音。以上这些传统一直保持至今，说明日本是一个尊重自己民族文化传统的国家，是一个礼仪之邦。

逆向：日本人送礼品虽精致，但多是装饰品，没什么实用价值，让人感到是附庸风雅。而且不注重礼品本身的价值，包装越精美越是"绣花枕头"。从日本人送礼品可以看出，他们过分拘泥于小节，观念陈旧、古板、迂腐。由此看来，日本人在这方面是拘谨守旧的。

4. 夏威夷

正向：夏威夷有蓝天、碧海、金沙滩，在这里不仅可以放松身体，心灵也会像阳光一样灿烂。夏威夷海滩有来自世界各地的美女，你总会找到符合你想象的"女神"。在夏威夷，你还会发现椰子树上没有椰子，那是因为怕成熟的椰子落下打在游人头上，就先摘除了。所以，夏威夷是一个以人为本的城市。

逆向：看到夏威夷的蓝天、碧海、金沙滩，就感到这里的环境和家乡的差距，不仅身体不能放松，而且心情也更沉重了。美女虽然可人，但回去后会"为伊消得人憔悴"。对没有看过椰子树的人，就想看到大大的椰子吊在树上是什么样子，结果树上没有椰子，多么遗憾！同时，这也破坏了椰子树的整体美。所以，夏威夷是一个并不可人的城市。

第七单元　发散思维与语言表达

第一部分　理论概要

发散思维是指大脑在思维时呈现的一种扩散状态的思维模式,表现为思维视野广阔,思维呈现多维发散状。发散思维是创造性思维的主要特点,是测定创造力的主要标志之一。培养学生的发散思维,就是要教学生向不同的方向去扩展思维,去多角度地思考问题,以求得多种设想、观点或答案。

发散思维可以让我们拥有更大的思维空间。我们以客观对象的某一方面或某一点为中心,调动自己的知识储备,并在此基础上进行想象,产生多条思路,使多条思路向外扩展,成为爆炸式的立体的思维空间。因此,发散思维可以使我们根据一个点或一个方面,发散出很多新的论据,支撑自己的论证,还可以让我们更全面地思考问题,更准确地认识问题,并找出解决问题的新思路、新方法。

训练主持人的发散思维,可以从以下两方面入手:

(1)发散思维归纳论证——以客观对象的某一方面或某一点为中心,发散出许多不同事物,产生多条思路。然后,归纳出多条思路中共有的具有本质性、规律性的结论。

(2)发散思维类比论证——以客观对象的某一方面或某一点为中心,发散出两种或多种不同个性的许多事物,产生两种或多种不同的思路进行比较,以具有本质性、规律性的结论结尾。

第二部分　教学内容及同步练习

一、绘画归纳论证练习

讲授法国洛可可派绘画及代表画家弗朗索瓦·布歇和他的代表作品《维纳斯的凯旋》(见图19),新古典主义绘画及代表画家雅克·路易·达维特和他的代表作品《荷拉斯兄弟誓言》(见图20),安格尔的作品《泉》(见图21),巴比松画派及代表画家弗朗索瓦·米勒和他的代表作品《晚钟》(见图22)。可以结合教授过的所有绘画做发散思维归纳论证练习。

二、历史归纳论证练习

用历史资料(从三皇五帝到隋、唐)做发散思维归纳论证练习。

三、国内地理归纳论证练习

用国内城市做发散思维归纳论证练习。

四、国外地理归纳论证练习

用国外城市做发散思维归纳论证练习。

五、现实问题归纳论证练习

用现实生活题材做发散思维归纳论证练习,如"幸福的思考"(名利、地位、金钱、成功、失败、城市、农村、环境、生存、衣、食、住、行等)。

发散思维归纳论证练习做得较为成熟以后,再做发散思维的类比论证。

六、发散思维类比论证练习

做发散思维类比论证练习之前,要讲授现实主义绘画及代表画家古斯塔夫·库尔贝和他的代表作品《石工》(见图23),印象派绘画及代表画家克罗德·莫奈和他的代表作品《日出·印象》(见图24)、《睡莲》(见图25),后印象派绘画及画家保罗·塞尚和他的代表作品《圣维克多山》(见图26),文森特·梵高及他的代表作品《星月夜》(见图27)、

《向日葵》(见图28)、《乌鸦群飞过麦田》(又名《色彩与火焰》,见图29),保罗·高更及其代表作品《我们从哪里来？我们是谁？我们往哪里去？》(见图30)。

发散思维类比论证练习同样借助绘画、历史、地理、社会现实等知识来进行阐述和评论。

第三部分　教学目的与要求

(1)发散思维归纳论证以客观对象某一方面或某一点为中心,至少要发散出五个事物、五条思路,然后进行归纳,得出结论。

(2)要求论据充分,论证有力,论点鲜明。

(3)要求论据、论证合理,有逻辑性。

(4)发散思维类比论证,要求说出两种不同个性的事物,每种事物至少发散出四个事例,然后得出结论。

(5)做发散思维类比论证的练习,学生必须拥有大量的知识,没有知识不可能做好类比论证,因此要给学生做大量的知识补充。

(6)要求思维的开阔度和纵深度。

(7)要求思路清晰,语言流畅。表达中抓住多条线索中具有共性的一个点。

(8)要有新思路、新观念和创新精神。

第四部分　学生作业例稿

一、绘画归纳论证练习

1. 绘画中的点睛之笔——线条

纵观欧洲绘画史,总是不乏这样的绘画:它们画面丰富,人物众多,而一条简单线条的贯穿,却让整幅画原来混乱的布局有序化,并且更加感人。

首先,我们来看乔托的《哀悼基督》。这幅画由一个斜坡构成的斜线分成了前景和后景。所有的人都集中在前景,给人一种厚重、压抑的感觉,从而更有力地烘托出悲痛的气氛。而空中十位悲号的小天使也都偏向斜线的低处,突出了画面的不平衡。

接着,我们再看一下波提切利的《春》。它以忧郁的蓝色和压抑的黑色做背景,而明暗的交界处就是这幅画不可少的一条线。这条线的后面是黑暗忧郁的森林,前面是光鲜亮丽的众神。这样的明暗交界不仅让我们看到明暗强烈的对比,更让我们感受到众神迎春的无可奈何。这条线烘托出似喜实忧的情绪,也淋漓尽致地表现出作者忧郁的心情。

如果说波提切利给我们的是一种柔和忧郁的感觉,那么达·芬奇的《最后的晚餐》则让我们不得不以最纯净的心来对待。这幅画中的众多人物被一张长桌依次排开,桌子挡住了他们的脚或者说将他们托起,这根线条给人以仰视的感觉,让人不得不肃然起敬,而这根线条又同时把所有的人放在一个水平线上,一切美与丑、善与恶、是与非都是如此清晰,更显出达·芬奇对人性敏锐的洞察力。

谈到人物众多的画面,说起将画面撑开的餐桌,那就又不由让人想起被人誉为农民艺术家的勃吕盖尔创作的《农民的婚礼》。画中人物多得几乎到了拥挤的程度,而一张桌子又使之变得清晰有序。这张桌子比起上一幅画中的桌子显得十分粗糙甚至显得穷酸,围在桌子周围的人们眼神更是游离的、迷茫的、不安的。这一切都似乎预示着革命和战争的爆发,而桌子又成了一个中心,将人们紧紧吸引住,似乎告诉人们尼德兰的民众在任何情况下都会团结一致。这张不起眼的桌子、这根简单的线条告诉我们当时的生活环境,更告诉我们人民会以怎样的态度迎接革命。

《农民的婚礼》讲的是人们对社会现实制度的不满,而布歇创作的《维纳斯的凯旋》无疑是对传统思想的一种挑战。这幅画的点睛之笔则是飞扬在空中的一根丝带。静态的维纳斯与飞舞的丝带形成了一种强烈的碰撞,所有的人都在丝带之下并仰视着它,代表着人对美、对人性的一种追求。最重要的是,在丝带代表女子贞洁的时代,如此张扬的表现手法无疑是对传统的一种挑战。这根丝带为洛可可派绘画艺术向传统艺术的宣战画下了浓墨重彩的一笔。

再来看看达维特的《荷拉斯兄弟誓言》,这幅较之布局稍显凌乱的画,仍由一根主线将之贯穿并赋予画面更震撼人心的感情——主人翁手中的剑。若干把剑伸向不同的方向,让人感到一种刚毅、坚强,让我们从那势不可挡的剑气汇合中听到了勇士们向父亲、人民和祖国立下誓言:"不凯旋而归,便战死沙场。"那种气魄、那种勇气、那种品质,一次次地冲击人们的心灵。

绘画中的每一个人物、每一个细节都好比是一颗珍珠,而任何一位画家都能画出一颗或许多颗珍珠。但只有真正的大师才能用一根看似普通而又极珍贵的线,将其变成一条价值连城的珍珠项链,而这些珍珠也因有了这根线的衬托,变得光彩夺目,让人为之心动。

2. 绘画中的红色

"人面桃花相映红""日出江花红胜火""霜叶红于二月花"。我喜欢描写红色的诗句，更喜欢红色。美国学者阿恩海姆在他的《色彩论》中说："红色被认为是令人激动的颜色，因为它能使我们想到火、血和革命的含义。在西方文化中，红色是带有很强刺激性的色彩。"今天，我将向大家介绍几幅绘画中的红色。

有一种红色象征的是春天的生命，在波提切利的《春》中我看到这样的色彩。在维纳斯的衣服上，波提切利在一面大胆运用红色菱形图案，而另一面则是蓝色。在那个时代，只有在表现圣母时才会运用这种搭配。波提切利赋予了维纳斯圣母般的高贵，她的到来使得天国的庭院百花齐放，人间的大地万物复苏。那红色正象征着春天里无限的希望，它们明亮、新鲜，正在萌芽。

有一种红色则象征着欣欣向荣的夏天。同样是在波提切利的笔下，《维纳斯的诞生》中，女神手执的耀眼的红披风却有着不同含义。在维纳斯诞生的地方，生命正在激荡。红披风上鲜艳的花朵，满天飞舞的花絮，身后浓郁茂密的树丛，这一切都象征着夏天的热情，彰显着蓬勃的力量。

有一种红色也代表生命，却是即将结束的生命，这是《最后的晚餐》中餐桌上的红。耶稣将一只手伸向一只透明的玻璃杯，里面盛着葡萄酒，他说："这是我用血所立的新约，是为你们而流的！"这一点往往被我们忽视，因为它没有葡萄酒醉人的红，没有血液鲜艳的红，它暗淡无光，它是凝结在杯中的红，但是这红却让万人敬仰，因为它是灵魂升华的结晶。

有一种红色是作者笔下的灵魂，以其特有的刺眼预示着正义，这就是《农民的婚礼》上透露的红。也许你会认为那只是几个普通人的普通衣服上显示的普通颜色罢了，但我不这么认为。在以暗黄为主体的画面中，那红色显得如此刺眼。这是尼德兰革命前期的绘画。尼德兰革命是一次捍卫民族尊严，反对民族统治的战争。在我看来，这里的红色喻示着正义，这种正义无处不在，即使在动乱时期，在艰苦环境下，人们的信念与希望都没有泯灭，如同这星星点点的散播在每一个角落的红。

提到战争，我不得不说剩下的两种红。其一，是战争胜利威风凛凛的勇士之红。在《劫夺留西帕斯的女儿》中，勇士身上迎风飞舞的红色披风异常耀眼，仿佛这是一名刚从战场上归来的勇士，那狂热的红色就像浓重的色彩交响曲，奏响的是曾厮杀在战场上并立下赫赫战功的男性传奇的生命之歌，它也渲染着绘画的主题，那就是人类对爱情最原始的欲望与热情。

其二，是昭示战争血腥冷酷的红。在《荷拉斯兄弟誓言》中，老荷拉斯身披红色披风，与银晃晃的利剑形成鲜明对比。老荷拉斯知道，无论哪方胜利，自己都要面临失去亲人的事实，但在国家命运、土地与一切尊严面前，他选择了坚毅、勇敢。他把勇气交给儿子们，把誓死保卫国家的信念交给儿子们，一腔热血正如这红色在奔涌。

这就是几幅大家笔下的红。我相信,用灵魂作画的他们提起红色画笔时是多么地激动。无论是生命之红还是消亡之红,是没落之红还是上升之红,都是画的精髓所在。通过这些红色,我仿佛看到画家殷红的血液,听到他们的心跳。音乐家通过音符感动人,画家则通过色彩感动人,使心灵与生命有了色彩。

3. 绘画中的情感

王家卫的电影《花样年华》带给我们强烈的视觉感受。张曼玉穿着旗袍摇曳多姿的背影是那样优雅,但有人却说在光影环绕下的她,背影显得做作,脱离了生活的真实。随着张曼玉的渐行渐远,我却发现她传达的是一种孤独、一种寂寞、一种情感。由此可见,情感才是我们所要的。这在绘画中也有所体现。

梵高的《星月夜》也是这样。画家以奔放的类似火焰般的笔触,描绘了夜空中奇特的月亮和星星。虽脱离了生活中的真实,但是表现了画家躁动不安的情绪。梵高的《向日葵》同样是这样。画面描绘的不只是一朵朵美丽的花,而是孩子可爱的笑脸,又像是温暖的太阳,画家对生活炽热的情感跃然纸上。

塞尚的《圣维克多山》近看好似繁多的色块纠结在一起,然而画面形象却清晰起来。作者对自然热爱的情感让原本纠结的色块如中国山水画般写意又流畅。

而那幅《我们从哪里来?我们是谁?我们往哪里去?》是以人物为主题,但情感却是中心。绘画表现了对人生的困惑、对未来的不安和对生命永恒的思考。让我们这些旁观者也不免思索起来。

前印象派与后印象派不同的是:前印象派只是停留在描绘客观世界外表的光与色,不讲究外在的真,只表现瞬间的印象。而后印象派不仅强调客观印象,更强调个性和个人情感,表达客观存在于自己心里的感觉。这就是后印象派的特点,情感是这一时期的主题。

这样看来,外部的形态、生活的真实总免不了随着时间的长河不断褪色、变形,甚至最终被遗忘。而那隐藏在一切之中的内心的情感,才是我们脑海中永恒的记忆。

二、国内地理归纳论证练习

1. 城市与爱情

爱情是一个亘古不变的话题,而爱情存在于城市之中也是屡见不鲜。接下来,我们就一起去领略一下城市中的爱情。

首先,爱之风景——杭州。"千年情缘之断桥"。垂柳下、湖石边、断桥上,爱情就像是一缕清风,桂香袅袅地舞动轻扬。一首缠绵悱恻的《千年等一回》,一本人蛇相恋的《白蛇传》,让断桥成了情人心目中的爱之桥、情之结。

接下来是爱之风景——西安。"春风无限沉香亭"。沉香亭因沉香木构造而得名,相传是唐明皇与杨贵妃消夏纳凉的所在地,他们两个的爱情正可谓"名花倾国两相问,长得君王带笑看,解释春风无限恨,沉香亭北倚阑干"。一座沉香亭,一座沉淀着唐明皇、杨贵妃爱情的皇家宫殿。

之后就是爱之风景——苏州。"永远的爱情之桥——枫桥"。张继的一首《枫桥夜泊》,让枫桥成为许多人心目中的浪漫之桥和爱情之桥。一首《涛声依旧》让姑苏的枫桥成了许多爱情故事的背景和道具。有雨的日子总能营造出一份别样的恋情,一把油纸伞,一条青石小巷,那梦便沉浸在枫桥的爱情故事里了。

接着是爱之风景——上海。《画魂》大家并不陌生,潘玉良原是一个目不识丁的青楼女子,后嫁给潘赞化,并随夫姓。从此,便在丈夫的鼓励和支持下入学学绘画,并出国留学,后来成为了上海美专的绘画主任。对这份真爱最好的证明与回报就是潘玉良的成功,真爱需要的是一份理解与支持,还有无怨无悔的期盼。

然后是爱之风景——成都。"江水情缘茫茫之望江楼"。望江楼的爱情故事系于薛涛和元稹之间。薛涛是唐代的女诗人,而元稹更是才华横溢的才子,两人可谓是金童玉女。而不久之后,元稹被皇上召见进京,薛涛就在望江楼旁汲取井水,手制书笺,留下了诸多表达相思之情的动人诗句。小小的望江楼所纪念的是薛涛与元稹的一份依依惜别之情。一叠薛涛笺,满腹相思泪,欲问相思处,花开花落时。

最后要说到的爱之风景——都江堰的"夫妻桥"。都江堰的"安澜索桥"又名"夫妻桥"。在清朝嘉庆年间,渡口翻船,100余人葬身鱼腹。如此惨状令私塾先生何先德及其妇人坐卧不安。他俩察看地形,翻阅建桥史料,请教当地水木工人,游说八方募集资金。但是在桥尚未建成之时,两位樵夫不听劝阻,顶风过桥,落水丧生。渡口"把头"买通官府,诬以草菅人命,何先德含恨九泉。他的妻子强压悲愤,继承夫志,完成了索桥的修建。这种爱情似乎更上升了一种高度,它表现的是一种承担、一种责任。

看到这些城市,似乎因为这些美好的爱情存在,也变得动人、富有人情味。如果说一座城市的美在于它的情,那么反之,生活在温情城市中的人们更会珍惜那份独有的爱情。爱是支持城市美的手臂,而城市也无时无刻不爱抚着这种别样的情感。

2. 城市特色文化

在祖国的版图上有着许许多多的城市,它们不只地理位置不同,城市面积不同,更多的不同在于它们的文化艺术。

"壮而不猛、疑而不滞、弱而不野、刚而不锐、清而不扰、浊而不蔽"。这是对藏传佛教音乐的高度评价。藏传佛教音乐在我国经历了民族化、世俗化的进程,吸收了中国民族音乐素材,成为具有中国特色的音乐,留下了数以千计的梵呗和各种曲牌,丰富了传统音乐艺术的资源。它是民族文化的瑰宝,向世人展示了它的神韵。外国人评价西藏的藏传佛教音乐:"此曲应是中国有,世间难得几回闻。"

昆明有一个非常出名的建筑——金殿。它并非真金建造而成,而是铜铸的,是我国现今最大、最重要、工艺最为精美、保存最为完好的铜殿。青铜器证明了古滇国的青铜文化无论在思想性、艺术性,还是在科学技术方面,都处于当时世界的领先水平。它以其绚丽的地方色彩、浓厚的民族风格和先进的铸造工艺成为民族历史文化宝库中的瑰宝。

提到苏州,人们总会想到苏绣,但是跟苏绣并称为姐妹艺术的缂丝,也是苏州人的骄傲。人们都说缂丝与帝王们的生活是紧紧连在一起的。为什么会有这种说法呢?因为历朝历代皇帝的新衣都是由苏州缂丝艺人进奉的,当然也包括龙袍。缂丝如此深得皇帝的喜爱的原因:刺绣的色彩完全靠丝光,可是一摸就起毛了,再一洗,丝光就全没了。而缂丝就大不相同了,颜色古朴典雅的缂丝不但不怕摸,还可以洗,所以可以长久保存,经得起珍藏。缂丝最令人叫绝的是它的制作,其中上色是一种中国仅有的绝活儿。

如今,繁华的上海仍然保留了昔日的老弄堂。这些在今天的人们看来有些简陋的房屋,实际上记录了一个时代甚至几个时代的历史故事。同时也记录了不同阶层、不同文化背景的人们的生活情况。可以说,老上海的弄堂是中国文化的一个缩影。其中积累了许多流传于世的典故,丰富了传统文化内涵。漫步于老弄堂之中,你会感到四处弥漫着怀旧的气氛,让人充满着丝丝的愁绪。

说到贵州,不能不提蜡染,它的工艺到现在还是一个未解之谜。蜡染的冰纹就像是人的指纹一样绝无相同。就算你用同样的图案、同样的蜡画布料去作画,最终的图案、韵味也是各不相同。可见中国民间文化的奇特和珍贵。

以上不难看出,每个城市都有自己的特点,但也有一个共同点:它们都有自己独特的文化和魅力,它们都是中国文化的缩影,也是中国文化的重要组成部分,更对世界文化有着深远的影响。

3. 城市特色经济

跟大家介绍一下我到过的几个南方城市的特色经济。

提到重庆,人们首先想到的多是那火辣辣的火锅。是的,火锅早在清朝初期就在重庆诞生了。码头人力工人把牛杂放进又咸又麻又辣的卤水中,煮熟就吃。结果经过几十年的发展,成了颇具特色的食物。不管是外地人还是外国人,到了重庆必先品尝火锅。火锅代表着重庆人的直爽、火辣,形成了一种饮食文化和地域特色。由火锅发展旅游经济也成为重庆的一大特色。

自贡的灯也很有名气。从西汉起,自贡就有赏灯的习俗,后人沿袭这种风俗,并将其发扬光大。在中国,自贡的灯会被称为"南国灯会",现已向全球推广,得到广大国外友人的喜爱和赞赏。现在每年的灯会期间,自贡都会接待数以千计的国内外的游客。政府称其为"中华彩灯文化的代表"。

成都和成都人给他人的印象多是闲散和安逸的。午后的长街上、公园里,人们三五成群地品茶、聊天。成都由于气候适于茶树的种植,茶品众多。外省人来此,必先带回一些"青山绿水"馈赠友人。成都把茶文化发展为旅游经济的一部分。

宜宾地区宜种酿酒的粮食,所以自古就善酿酒。百姓也有喝酒为食的习惯,对酿酒技术,也是极有研究。经过不断地发展,各酒坊也渐渐壮大。现今最为有名的"五粮液"就产自四川宜宾,于是宜宾就成了酒文化的代表。

以上这些地区将地域的生活习惯和风俗发展成了一项特色经济,成为城市自身特色的重要组成部分。

4. 中国戏曲名天下

中国有五千年文明。有人说,中国是一本故事总集,因为这里的一草一木、一人一物都有一段鲜为人知的故事。也有人说,中国是一个舞台,各个角落都能演绎绝世无双的佳作。一个城市代表一段历史,每一段历史都有一段唱词。今天,就让我带您从北京起程,去聆听那一段段唱词,细述一段段历史。

外国人把京剧叫作"Peking Opera"。走进首都北京,先来听听京剧。京剧被誉为我国国粹。京剧的发展,大致可以分为四个时期:徽秦合流、徽汉合流的孕育期;道光二十至咸丰十年间的形成期;1883—1918 的成熟期;直至 1917,随着余叔岩、杨小楼、梅兰芳等京剧宗师的出现,京剧发展至鼎盛期。京剧为什么被称为国粹呢?我想第一是因为它是极具包容性的戏剧,在它形成伊始就吸纳了我国许多民间戏剧流派的精华;第二,它是一种源于民间,传于宫廷,再盛于民间的艺术。试问,在 20 世纪的中国,在一个封建等级制度如此严明的国度,有哪种艺术有着如此大的魅力可以获得君民的共嗜?如今走在繁华的长安街头遇上一个金发碧眼的外国人,问其对中国的了解,他一定知道五颜六色的京剧脸谱和抑扬顿挫的唱腔,并会伸出大拇指:"Peking Opera, Good."

"刘大哥讲话,理太偏,谁说女子不如男?"走进河南郑州,几乎所有人都会哼上几句,因为这是河南的瑰宝"豫剧"。它的代表人物常香玉可是勇敢地唱出了女汉子的心声:巾帼不让须眉!豫剧也称"河南梆子",因为它形成之初大多靠演员的本嗓演绎,所以也叫"靠山吼"。光听这个名字就知道,豫剧有来自大山深处的质朴和豪爽。

"树上的鸟儿成双对……夫妻双双把家还。"走进安徽合肥,迎面扑来的全是如此清新婉约的调子和如此清丽脱俗的唱词,因为我们走进的是黄梅戏的故乡。黄梅戏分为花腔和平词两种,前者带有浓郁的生活气息和民歌风味,后者带有大段的叙事和抒情。黄梅戏被称为中国最"阳春白雪"的一种戏曲。如此看来,我终于明白文学巨匠余秋雨先生为什么能写出那些行云流水的诗句了,原来是受其夫人、新一代黄梅戏之后马兰小姐的"家庭熏陶"。

告别了黄梅戏,来到上海,都说上海的女子是全国最"嗲"的,男子是"最小家子气"的。其实这样的评价并非贬义,越剧文化淋漓尽致地揭示了上海人骨子里的本性。越剧亦有"中国第二大戏剧"之称,同时也是中国在海外享有盛誉的艺术之一。它的情节涵盖了大量的中国民间故事和传说,所以极具文学价值。它对服装、道具、灯光、舞美及演员的要求都极高,所以也被称为"中国最难演绎的戏剧"。

绕了一个大圈子,回到四川,脚踏天府,看着休闲、麻辣、温柔的成都,不得不承认这座城市之所以让人"来了就不想走",源于它的多姿多彩。自古有"蜀戏冠天下"的说法。轻轻一抹、一吹、一弹、一拉就是一张张变化无穷的脸。作为川剧绝活,变脸无疑给天府文化蒙上了一层神秘的色彩。但也许您还不知道,变脸在最开始仅仅是智慧的蜀人驱鬼避邪的民间偏方,后来随着川剧的发展才被逐渐戏剧化,最后搬上舞台,成为今天川剧艺术最引人入胜的"绝活"。

从北京到成都,一路走来,深切地体会到中国戏曲艺术的博大精深。其实这些戏曲的历史折射的就是一座座城市的历史。先辈创造这些宝贵的非物质文化遗产,我们这些后人是否对它们进行了很好的保护和宣传呢?在日韩文化风靡、欧美潮流盛行的今天,有多少人会提起"智取威虎山""花木兰女子也如男",还有"天上掉下个林妹妹"的故事?

三、国外地理归纳论证练习

1. 废墟

余秋雨说:"废墟是毁灭,是葬送,是诀别,是选择,时间的力量理应在大地上留下痕迹。"

玛雅文明形成于公元前500年,它在公元前400年就建立了早期的奴隶制国家,但在15世纪,它却消失在中美洲的热带雨林中。现在玛雅人留给我们的只剩一些隐匿在丛林中的石像、祭坛、天文台,让我们去想象玛雅曾经的辉煌。

立于哈弗拉金字塔旁的狮身人面像几千年来忠诚地守卫着法老们的陵墓,而历经千年的它,如今像一个年迈的武士,胡子断了,鼻子塌了,轮廓模糊了,已不复当年的威武与雄壮。

罗布泊西岸的楼兰古城,曾经是西域最耀眼的明珠,人口众多,商贾如云。然而,2000多年前,它销声匿迹,只留给我们一些散落的木雕残片和断墙,无比荒凉。

意大利的庞贝和赫库兰尼姆古城,在公元前79年8月24日,被火山吞噬。1000年之后,它像一个时光隧道中迷途的幽灵重现人间,也像一具城市的木乃伊,尽力保留自己昔日的容颜。

希腊的雅典卫城,经过战争毁坏和2000多年的风雨侵蚀,如今众多文物已被搬入博物馆,女神像也流落异邦,昔日的华美已不在,只剩下一些石柱擎天而立,如同竖琴在演奏着穿越时空的乐曲。

罗马的大角斗场,是古罗马的象征,它气势恢弘,甚至在基督教的《颂书》里都有这样的描述:"大角斗场耸立,罗马便会存在,大角斗场倒塌,罗马就会灭亡!"而它最终也没有逃脱化作废墟的命运,只留下了残垣断壁,供我们想象着昔日的人声鼎沸。

这些废墟是古人曾有的壮举,它们失去了昔日的光辉,却成了历史的载体,时间的见证,成了过去派往现代的使者。废墟以其残败昭示了沧桑,以其凄凉、沉重诠释了一种震撼人心的美。废墟如同一个巨大的磁场,一极连着古代,一极连着现代,"时间的力量理应在大地上留下痕迹",这痕迹便是废墟。

2. 战火下的"花朵"

一直以来很喜欢毕加索的绘画,他的绘画总有一种痛苦的诗意和深刻,让人在惊讶之后被感动。《格尔尼卡》是他一幅直抵人心的作品。绘画以战争为题材,画面上残肢、断臂、哭泣的母亲及代表法西斯的牛头,让人看到了战争的血腥与残酷。但一把断剑之下,毕加索却画上了一朵美丽的小花,这是在废墟中新生的生命,也是大师想告诉世人:战争可以吞噬一切,但永远摧毁不了人们的精神与意志!

法国作为被法西斯打败的国家,国土虽然被占领,但人民并没有因此而屈服。戴高乐将军流亡到美国组建了自由法国,他的口号是:我们不要被奴役,我们要自由!

夏威夷的珍珠港在一个宁静的星期天的早晨被炮火惊醒,日本的偷袭让太平洋舰队损失惨重。但就在不久之后,太平洋舰队仅剩的八艘舰队就轰炸了东京。"你毁我珍珠港,我炸你东京。"快意恩仇!

圣彼得堡在"二战"期间被德军包围了八个月,希特勒曾叫嚣要将圣彼得堡从地图上抹去,然而他没有想到他面临的是最顽强的抵抗。圣彼得堡人民在面对着饥饿、恐惧、死亡之时,毅然选择了抵抗到底!

维也纳在"二战"中被占领,但就在最困难的时期,金色大厅里依然演奏着贝多芬、莫扎特的乐章,意思再明白不过:你可以打败我、征服我,但你无法支配我的灵魂!

在北非,英国的两个集团军被德国打得一败涂地,法西斯的刀锋曾一度直指开罗。

蒙哥马利将军临危受命,他来到北非重建第七集团军,他的第一句话就是:"我们要有希望!"

伦敦在"二战"中几乎每天都要被轰炸。有一个小店的老板,第一天他的商店被炸了,但他挂出的牌子却是"今天照常营业"。第二天他的商店又被炸了,只剩下了一个摇摇欲坠的门。他将牌子拣起来重新挂上,上面仍然写着"今天照常营业"。

战争,一直被认为是人类文明最大的灾难,它能让一切灰飞烟灭,但却不能摧毁高贵不屈的灵魂。这些灵魂与精神就如同那炮火下盛开的花朵,在铁蹄强权下绽放着人性永恒的光华!

3. 激情

2006年的夏天,是我所经历过的有史以来最热的夏天,这种火热一方面来自于居高不下的温度,另一方面则来自于那波及五大洲四大洋的不可阻挡的巨浪——2006年德国世界杯。是什么牵动了世界的眼球?是足球运动带来的艺术与激情!正是这种激情,吸引了所有的球迷为之呐喊、疯狂,激情成为任何一个国家都无法压抑的力量。

法国足球中蕴涵的浪漫是那样地让人心动。可当你看到齐达内"士可杀,不可辱"的行为时,你就该知道法国是一个激情刚毅的民族。回顾法国历史,18世纪的法国,资本主义商业已经有了很大进步,发达程度在欧洲可以说是首屈一指,但专制政府的盘剥、贵族教士的压迫,严重阻碍了国家和社会的发展。这时,法国人民激情澎湃地发动了一场废旧立新的伟大革命,君主立宪派、吉伦特派、雅各宾派,这一个个前赴后继,在世界史上熠熠生辉的名词,推动了法国前进的步伐,让人们看到了法国人追求进步时的勇敢与激情。

葡萄牙是个小国,可足球的实力不弱。历史上的葡萄牙是近代形成的一个强大的殖民帝国。这个只有100多万人口的小国,在16世纪时居然建立起这么一个了不起的帝国,可想而知,这个民族该具有多大的进取心和多么坚韧的品格!他们勇往直前、义无反顾的精神,他们对人才和科技的尊重,他们以开放的态度对其他民族长处的学习和利用,这一切都来源于他们对自身的肯定和澎湃的激情。

俄罗斯与世界杯无缘,但并不代表他们与激情也无缘。事实上,这个民族所蕴藏的激情实在让人钦佩和崇拜。19世纪初,法俄两国争夺欧洲大陆霸权,拿破仑曾率领近60万军队入侵俄罗斯,并且直取"心脏"莫斯科,正当他得意忘形的时候,一场大火让他惊惶失措,不久就溃不成军,仓皇而逃,这就是著名的莫斯科大火。这场大火虽然赶走了入侵者,但俄罗斯人民也付出了惨痛的代价,整个莫斯科一夜之间成了一片废墟,但俄罗斯人这种"宁为玉碎,不为瓦全"的精神和行动向世界宣告了他们民族的战斗激情与坚强意志！希望有一天，俄法两国能在世界杯上"狭路相逢"，可以用另一种宣泄和激情的方式了结"宿怨"。

印度在电子科技、文化产业上都处于世界前列，可在世界杯上却无展露的机会。其实，这个民族本来就不习惯把激情外化。历史上有名的"非暴力不合作"就是印度人上演的精彩好戏。辞去英国授予的公职爵位，不参加殖民政府的任何集会，不买英货，不在英国银行存款。一系列措施使印度获得独立，让英国让步，这一切让我们感受到印度人民追求和平独立的激情。

美国一直是超级大国，可在世界杯上要走的路还很远。虽然球场上激情无处宣泄，可美国一直就是激情洋溢的民族。它的历史只有200多年，可一次南北战争彻底改变了它的政治体制。持久的对垒和激烈的反抗，让美国摆脱了一个不平等的状态，黑人解放给整个社会和国家带来了曙光。正是这种追求民主和平等的激情，带领美国走进了一个更光辉灿烂的时代。

最后要说的是中国，虽然中国队没有走进世界杯的大门，但世界杯却不能没有中国，因为中国拥有最庞大的球迷队伍。可以说，如果世界杯少了中国的捧场，绝对是一种巨大的损失。因为中华民族的血液里都流淌着激情，远的不说，从1840年鸦片战争开始，中国人就用血泪谱写了追求真理的激情。中国人力求社会制度的不断变革，或暴力或温和，如戊戌变法、百日维新。对帝国主义压迫的不断反抗，如三元里人民抗英、甲午战争等。这种高昂的斗志与激情更延续到抗日战争、解放战争，甚至今天的国家建设中。中华民族一直用可歌可泣的方式诠释着激情的含义。

世界杯已经结束了，这四年一次的豪门盛宴，燃烧了人们储备已久的汗水和激情。激情是人类情感的最高宣泄，有了激情，我们会拥有创新、开拓、灵感、进步和无畏的勇气！

4. 四个角落的改变

在影片中，人们常把巴黎的暗巷、伦敦的地铁、纽约的贫民区和悉尼的列王十字区作为黑暗和堕落的代名词，然而，现在这些地方早已不再黑暗，而是充满了光明和希望。

当午夜的钟声刚刚敲过，巴黎暗巷中的杀戮和械斗便开始了。影片固然有虚构，但也确实是当时巴黎人生活的真实写照。可是，此时此刻，若你再踏上巴黎的土地，你会发现在那里再也没有任何可以用"暗"来形容的事物，到处都是灯火通明，到处都是人们欢乐的笑容。空气中弥漫的是巴黎的歌剧，还有沁人心脾的酒香。巴黎人用他们的实际行动重新谱写出属于法国人的规整和浪漫。

伦敦的地铁，一直是枪支和毒品交易的"最佳场所"，同时也是英国警察最头疼的地方。但现在再提起它,英国人会很高兴地告诉你,它代表的是"狄更斯节"。英国政府把每年的5月28日定为"狄更斯节"。每到这天,人们都会身着狄更斯小说中人物的服装,从伦敦的肯特郡乘车出发,通往四面八方,车内载的是欢乐的人群,他们用自己的方式去回忆狄更斯笔下古典的伦敦。

当我们同样将目光投向影片中时,在《金刚》《第五元素》《黑衣人》《独立日》等美国大片中,出现了不少贫民区的镜头。人们奇怪为什么那些总自认为高高在上的阶级居然关注起那里来了?当那些好莱坞的著名导演把纽约的贫民区誉为最大的天然摄影棚时,似乎向所有人表明了处于贫富两极的人们有了交集。著名影星皮尔斯·布鲁斯南说:"这个交集代表了一种人性。"我认为它更代表了一种人性的宽容。

悉尼的列王十字区一直被称为悉尼夜生活的红灯区。到了夜晚,除了吸毒者、妓女和嫖客,没有人会在这里。可是今天的列王十字区却已抛弃了过去的帽子,因为现在居住在那里的是悉尼大大小小的艺术家,除了去那里要听歌剧,还要到那里去寻找一种充满生命活力的感觉。

这仅仅是世界的四个角落,这些角落的改变赫然宣告了人类的改变、人类思想的改变。神只有灵,动物只有肉,而人却拥有着灵与肉。现在我们欣喜地发现城市在进步,那是因为人的灵与肉没有分离,知与行没有错位。

5. 艺术的魅力

美国的涂鸦备受艺术爱好者的关注。20世纪60年代,街头涂鸦刚刚在纽约出现的时候,几乎没有人会相信这种看上去乱糟糟的东西后来会登堂入室。实际上,大批的街头艺术家在不知不觉中参与了城市风格的营造。各种各样充满了个性色彩的图画给城市带来了独树一帜的特征和风韵,吸引了从四面八方来美国观光的游客。

而在西班牙,狂热奔放的"弗朗明戈"同样会使你眼前一亮,歌手的叫喊声、感叹声、舞者用脚跟敲击地板的清脆响声,都将点燃你心中的热情之火,让你知道西班牙人民的自由豪放。

有"多瑙河女神"之称的维也纳,它的名字始终是和艺术连在一起的。每年都会有大量的游客来到维也纳接受艺术的洗礼。新年音乐会更是知名人士踊跃出现的场所。这片音乐的国土孕育了一批知名的音乐家:海顿、莫扎特、贝多芬、舒伯特、约翰·施特劳斯父子、格留克和勃拉姆斯,他们都曾在此度过多年的音乐生涯,他们留下的作品至今仍为全世界人所演奏、传唱。

说到日本,就不得不提"能剧"。"能"拥有大约600年的历史,融合了舞蹈、戏剧、音乐及诗歌等要素,是现在世界上最古老的舞台艺术。虽然真正能听懂"能剧"的人并不多,但这一神秘的剧种仍被许多人所喜爱、研究。

看来,语言、文化、习俗、历史……每个国家都有所不同,但艺术永无国界,它可以超越时空、跨越民族。优美的音乐可以使人伤感,也可以使人快乐。精美的绘画可以让人赏心悦目,也可以陶冶情操。舞蹈不需要任何语言便可表达出内心的感受。这些不同的艺术形态可以感染每一个人,使我们的生活多姿多彩。看来,艺术的魅力让所有人都无法抗拒,我们会因艺术相互探讨,我们也会因艺术相聚一堂。所以,从某个意义上说,艺术既带来了友好,又带来了和平。

6. 信仰之城

信仰,一个无比圣洁的名词。一切事物在信仰的名义之下都是神圣而不容侵犯的。可是当信仰附着在现实的土地上时,它带来的既有荣耀与美好,又有责任与灾难。一切似乎矛盾,却又相互依存。让我们一起去寻访信仰的土壤,踏上这漫漫的朝圣之路。

诗人说:"如果上帝给了人间十分精彩,那么有九分给了耶路撒冷。"这个有着5000年历史的古城,如同一块巨大的磁石,每年吸引着数以万计的信徒不远万里来到这里,因为这里是世界三大宗教的圣地。首先是犹太教,作为一个灾难深重的民族,犹太人一直坚持,不管在地球的任何地方,今生一定要回到耶路撒冷!这里有他们的神明,有他们世世代代用眼泪擦拭的"哭墙",这里是他们无法割舍的家园。而基督对此的眷恋来自于耶稣与此的渊源,这里曾是耶稣诞生、传教、受难和复活的地方。同样,伊斯兰教的创始人穆罕默德也是在这里通过"飞天墙"聆听了真主阿拉的祝福和启示。耶路撒冷浓缩和凝聚了太多的爱。然而,也正是因为它对谁都重要,谁都不愿意放弃,所以它至今仍是世界最敏感的地方,战火与纷争从来没有停止过。"如果上帝有十滴眼泪,那么有九滴落在了耶路撒冷。"落在了这个因信仰而哭泣的城市。

印度教的圣地瓦拉纳西,在信仰的福光下却享受着安详与和平,每年虔诚的印度教信徒都会奔赴此地,用他们奉若神明的恒河水洗涤身上的尘土与罪恶。对他们而言,生命如果可以在这里结束,那是一种无上的荣光。因为他们相信,这里可以使他们的灵魂永升天堂。信仰在这里为人们开启了通天之门。

世界上最小的国家梵蒂冈是世界天主教的精神中心。在天主教徒的心目中,这里是天国,是上帝居住的地方。那些伟大的建筑不仅仅是举行仪式的场所,更是天国华美的折射。因为信仰,这个最小的国家有着不可撼动的力量。

穆斯林组织虽然分散在世界各地,但他们的心却都向往着同一个地方——圣城麦加。每年一次多达200万人的朝圣活动是绝无仅有的。在他们心目中,只要朝向麦加,便朝向了真主。

兰毗尼是佛教的发源地,因为佛祖释迦牟尼便诞生于此。同样,这里也是佛教的兴盛地。不同于其他圣地的喧闹与繁华,兰毗尼是安静的。它以佛教的宁静、博大包容着人们的不同思想。

在湄河平原的百姓,将曼谷看作他们心中的信仰。这里到处可见大大小小的金顶庙宇和往来穿梭的僧人。不仅仅是百姓,国王也要在此举行宗教仪式。人们相信佛教能普度他们。

我想,时光的流逝可能会带走很多东西,但信仰反而会越显其光芒。信仰支撑着这些城市在人间闪耀着永恒的美丽。希望信仰可以让这些城市少一些灾难,多一些富足、和平与安宁。

7. 地铁

《开往春天的地铁》这部电影让我爱上了奔驰在城市下面的交通工具——地铁。一起来看一下世界的地铁吧。

伦敦于1863年建成了世界上首列地铁,总干线长6公里。尽管当时由于科技水平等因素的限制,伦敦的地铁并不是很理想,但人们乘坐地铁的积极性却很高,在地铁建成当年就运载乘客950多万人次。随着时间的推移、科技的发展,伦敦拥有了全世界最长的地铁。

土耳其首都伊斯坦布尔,地铁长度仅有0.6公里,2个地铁站,是全世界最短的地铁。但它依然是伊斯坦布尔一道独特的风景线,解决了当地交通拥堵的问题。

朝鲜平壤市由于独特的地质原因,地铁线路和车站都修在了距离地面70~80米深的地下,是世界上最深的地铁。每天吸引数十万的乘客乘坐。

巴黎是举世闻名的"时尚之都",而巴黎的地铁也名闻全球。它的建筑十分精美,技术设备极为先进,并融入了许多艺术气息,是全世界最豪华的地铁站,被誉为"法国地下宫殿"。更值得一提的是,在法国地铁站,随处可以看到进行表演的流浪艺人,他们为地铁增加了浪漫的艺术气息。

莫斯科地铁是全世界最方便的地铁。它运行时间长,发车频繁,平均90秒一辆,行车迅速,而且票价低廉。为追求时间的年轻人提供了很大方便。

纽约的地铁与前面的相比可能并不算漂亮,有时乘坐也不方便,却是世界上唯一一处24小时运行的地铁。它的覆盖面积广泛,有24条线路,设立了468个站,分布在4个区。每天的客运量高达400万人次。

地铁是一个城市的脉络,也是穿梭在城市地下的精灵。不同地区的地铁有着不同的风格特色。但它们却有着一个共同之处——给拥挤的城市提供了方便。如今,飞驰的地铁已经成为城市飞速发展的象征,也是一个城市人民智慧和文明的结晶。

8. 各国饮食文化

在英国,人们都有喝下午茶的习惯,大约下午三四点钟,人们都会不约而同地放下手头工作,坐在茶桌前。于是,在下午明媚的阳光中,在缕缕浓香的红茶咖啡中,人们忘却了工作的压力,让疲劳的神经暂时得到歇息。其中,剑桥大学的下午茶可以说世界闻名,因为这里的茶室沙龙"喝出了"无数的博士与学者,浓缩了全英国的绅士风度和骑士精神。

再来看看美国,不要以为美国只有麦当劳、肯德基。其实,美国的旧金山也是美食天堂。旧金山的咖啡十分著名,种类数不胜数,而旧金山也被称为"用咖啡勺丈量生活的城市"。

让我们再将目光转向法国。"法国"两个字本身就是时尚、艺术、浪漫的代名词。追求高品质生活的法国人对美食的追求更是永无止境。法式鹅肝的香浓醇厚,法式蜗牛的香滑可口,让人垂涎欲滴。就是一客普通的牛排,单是调味汁就可以多达几十种。而对于法国的葡萄酒,更是从年份、产地、香味、色泽、口感甚至到杯挂的痕迹,每一个细节都要几经推敲,这种法国式的挑剔使得法式大餐成为天下食客的美梦。

韩国,也吸引着无数人的目光。且不说热气腾腾的韩式烧烤和美味的石锅拌饭,单是韩式泡菜就足以让人眼花缭乱。从简单的各色蔬菜,到品种繁多的海鲜泡菜,再到昂贵的高丽参泡菜,可以说,只要你敢吃,韩国人都敢往坛子里泡。

日本饮食更注重营养,他们喜欢生吃海鲜,最大程度上地保持海鲜的鲜味与营养价值。而且临海的地理环境材料丰富,更让日本海鲜寿司百花齐放。日本人注重吃相的文雅,使得美食往往都是小巧而精致。

中国美食文化的博大精深,实在很难用语言表达。光听"八大菜系"四个字就振聋发聩,更别说那多如繁星的民间小吃了。中国的古人深知"食"的重要性,提出了"民以食为天""治大国,如烹小鲜"等至理名言,提醒君王要注意饮食对百姓的重要性。想要坐稳江山,先让百姓吃饱肚子,这些极富哲理的语言都是人们在吃当中悟出来的。

从世界各地的饮食文化可以看出:吃已从最基本的果腹蜕变成一种精神、一种文化。人类经济文化的进步从这一日三餐的碗碟中就可得到最好的印证。

四、历史归纳论证练习

1. 功过是非

浩瀚的历史长河,多少英雄豪杰,金戈铁马,气吞山河;多少帝王将相稳坐江山,指点乾坤。我们看历史人物有时赞叹,有时伤感。这些历史人物都有他们的功过得失。当情感蒙住了理性的思索,我们要跳出爱憎还历史一份真实的面目。

公元前221年,秦始皇嬴政统一了中国,他被万世子孙称为始皇帝。可是,我们依然能听见那万人坑中读书人的无奈和悲愤以及那长城脚下冤魂的哀嚎。

霸王项羽骑着乌骓马化为了鬼雄。于是,读史的人心被感动,再看那殿上之君不过是无耻小人,再听那汉家小儿高唱"大风起兮云飞扬"就义愤填膺。可是,就是这个被唾骂的小人建立了大汉王朝。

隋炀帝踏着龙舟走向江南,黎民百姓携妻儿老小沿河悲恸。于是,读史的人血被激荡,因为那滔滔河水流淌的都是百姓的血泪。可是,我们却不能无视大运河的伟大,那河中穿梭往返的载粮商船,形成了中国大地上一条流动的商线。这横贯南北的大运河,如同一部中国生态地貌的百科全书。走过它,你能感受中国从南到北的四季变化;走过它,你能看见高粱,也能闻见稻花。京杭大运河直到今天仍然保持着它的雄姿。

魏征对唐太宗云:"水能载舟,亦能覆舟。"于是,太宗皇帝铭记于心,开创了贞观之治。世代子孙高呼"伟人名君"。可是这样一位圣君背后也有阴暗的故事。我们怎能忘记玄武门事变时,他屠杀兄弟的鲜血?这对权力的渴望,让手足之情都已泯灭。

"一代天骄"成吉思汗,他的一生可谓灭国无数,中国在他的统治下幅员空前辽阔。他不愧为"天骄"的称号。可即使是这样一位英雄,也抹不去他手上的血迹,那城池里堆积如山的尸骨在无声地控诉他战必屠城的罪恶。

看看这些帝王:他们有得、有失、有对、有错。跳出情感与爱憎,我们会更新、更公正、更客观地认知。

2. 末路英雄

毛泽东曾经挥笔题书:"生的伟大,死的光荣!"可见一代伟人心中的生与死的价值观。也许在人们固有的观念里,身为一世英雄,活着的时候叱咤风云,死的时候也就该惊天动地。这才符合人们对英雄的理解。其实并非如此,历史上偏偏有那么些人活着的时候无限风光,而死的时候却很窝囊。

春秋霸主——齐桓公,活着的时候称霸天下,享尽人世繁华,而死的时候却孤独可怜。他被宦官活活饿死在宫中。

赵武灵王,胡服骑射的发起者,是位颇具冒险和创新精神的君王。他曾亲自冒充使者前往秦国勘察地形,准备攻秦,可见其胆识非凡。然而就是这样一位有勇有谋的英主,却被自己的亲生儿子杀死在后宫。

韩信,中国历史上罕见的用兵神鬼莫测、战无不胜的大将。而这样一位将军,最后居然死在一个蛇蝎妇人的手上。

项羽,西楚霸王。"力拔山兮气盖世。"然而死前却四面楚歌,被迫杀了自己心爱的女人,只落得乌江自刎的结局,留下乌骓马望江哀鸣。

关羽,一个威震天下的名将。过五关斩六将,让曹操又爱又恨。然而最后却被自己的盟友攻取后方,败走麦城。后来又被人伏击,生擒斩首。

以上哪个不是风云人物,当世英雄?然而,英雄末路的悲剧却一再上演。他们犹如划过长空的一颗颗流星,照亮了夜空,却转瞬即逝。"生当作人杰,死亦为鬼雄。"这是人们对英雄的完美注解。可惜世上没有完人,英雄也是凡人。

3. 红墙绿瓦烟雨中

人类从最开始的洞穴树屋,到建造出现代意义上的第一所房子。这一步是从蛮荒到文明的飞跃。从此,人们便把生活的情趣、劳动的创造、智慧的灵光都运用到了建筑当中。建筑与人的关系十分密切,它成为一个时段的记录者,见证着政治、经济、科技、文化的发展。时至今日,我们依然可以从中国古老的红墙绿瓦中找到往昔的印记。

"秦时明月汉时关",大气磅礴的建筑风格是汉朝建筑的主要特点。汉武帝时期,如长乐宫、未央宫等都具有雄伟、威严的气势,而附属建筑则具有雅致、玲珑的柔和之美。这与一味铺张奢侈的秦宫相比,在审美情趣上更注重格调。

隋唐时期是中国建筑的成熟期。建造了规划严整的大兴城,开凿了京杭大运河,修建了世界上最早的敞肩大石桥——安济桥。可以说,当时的城市布局和建筑风格规模宏大,气魄雄浑。长安城是当时世界上最大的城市,它是在隋朝大兴城的基础上建成的。当时的住宅根据主人的不同等级,其门厅的大小、间数、装饰、色彩等都有严格的规定。这也体现了中国封建社会严格的等级制度。还有雕梁画柱尤为精美,为建筑增光添彩。这一时期是中国封建社会前期建筑的高峰。唐朝建筑华丽大气。那时的贵族宅第多采用乌头式大门,宅内房间用回廊连接,类似四合院。普遍的布局方式是有明显的中轴线和左右对称。这时期的文人、画家常常将自己的思想情感融入建筑中。如白居易的宅院,以岛、树、桥、道相间,池中三岛,中岛建亭,可谓诗情画意。

宋朝是中国建筑体系的重大转变时期。它的建筑比唐朝的建筑规模小,但秀丽而又富于变化,出现了各种复杂形式的殿台楼阁,装饰也别有风韵。这一时期的屋顶坡度增大,门窗采用菱花隔扇,线条柔和。如山西太原的晋祠圣母殿、福建泉州的清净寺等,都是这一时期的代表建筑。

元朝是建筑的又一次发展时期。当时的元大都按照汉族传统都城的格局建造,同时还加入了各行各业的店铺、戏台、酒楼等娱乐设施,是继长安以来又一规模巨大、规划完整的都城。马可·波罗在游记中也曾多次赞美这"黄金铸造的城市",足见其繁华。

明清时期是中国古代建筑史上最后一个高峰期。由于当时制砖手工业的发展,砖的数量大幅增加。而琉璃瓦的生产无论数量、质量都超过去任何时代。建筑开始走向高度标准化、定性化。如北京故宫、沈阳故宫,都是明清风格的实例。

中国古典建筑如同一部立体的历史长卷。曾经生活在红墙绿瓦里的人们早已化为尘埃,而留下的却是浩如烟海的文化。在烟雨中,它们经历了沧海;在烟雨中,它们依旧美丽如昔。

4. 墙

墙是一种阻隔,一种保护,有时也会成为人们记忆的载体。

秦朝初期,六国初定,北方未平。秦始皇命蒙恬筑长城,以抵御外敌。那连绵起伏于群山之上的巍巍城墙,千百年来曾令多少胡骑乘势而来,败兴而去,只能留下在梦中信马中原、驰骋天下的憾事。墙成了保家卫国的屏障。

绍兴沈园,墙头生春,陆游到沈园散心,巧遇前妻唐琬,旧日夫妻猝然相见,感慨万千。唐琬告别陆游后,陆游徘徊于墙下,挥笔留下一首《钗头凤》,弃笔远行。后来,唐琬见词,悲从中来,真是声声泣血,字字落泪,提笔和上了一首《钗头凤》。因为旧情未了,唐琬郁思难解,肝肠寸断,不久便化蝶而去。陆游数年后归来,重访沈园,闻此噩耗,见墙上绝笔,心中悲痛欲绝。墙,成了一段相思永久的祭奠。

同样是墙,同样是情。西汉时却有过一段千古传诵的佳话。卓文君,温柔贤惠、知书达理。司马相如才华横溢、风度翩翩。子夜时,相如焚香抚琴卓府墙外,一曲《凤求凰》飞过墙头,引来文君芳心暗许,弃家与相如私奔,留下"相如赋诗,文君当垆"的佳话。正所谓:一壶文君酒历久弥香,其中滋味留待后人品尝。墙,在这里扮演了红娘。

还记得《花样年华》里的梁朝伟和张曼玉,总是走过同一面墙,似乎预示暧昧的情愫永远跳不出世俗的高墙。

"墙内秋千,墙外道。墙外行人,墙里佳人笑。"古往今来,墙内墙外上演了多少大人物、老百姓的故事。墙,既是阻隔又是屏障。总而言之,它的存在是一种不可忽视的力量。

5. 皇帝"排行榜"

鲁迅曾说:"中国的历史,就是一部帝王将相的家史。"所以,我们读的是五朝更替,品的却是王者的成败与得失。纵横上下五千年,我们来看下面这几位皇帝。

最有文采的皇帝,当数南唐后主李煜。王国维说,读他的词"有赤子之心"的感觉,而李煜之所以流芳于后世也是因为他的词。但不幸的是,他是一位亡国之君。"问君能有几多愁,恰似一江春水向东流。"可悲,可叹。

最有艺术家气质的皇帝,当数宋徽宗赵佶。他是琴棋书画样样精通,但他后来的死也是由于他把自己的爱好当成了主业,不理朝政,醉心于研究书法,导致最后的亡国。他被入侵的敌军追杀,被迫投井自尽。

最博学多才的皇帝,当数清朝康熙。他懂得很多种语言,比如蒙语、藏语、拉丁语等,还懂得几何学。正是由于康熙的好学与卓越的才能,使得这位皇帝从16岁亲政开始,便以他的文治武功独步天下,被誉为"千古一帝"。

最多情的皇帝,应该是清仁宗顺治。相传,他因为董鄂妃的死而伤心欲绝,看破红尘,出家当了和尚。他还编写了一部《皇后敬语录》,用来纪念他的爱妃。真是"人生自古有情痴,此恨不关风与月"。

最富有创造力的皇帝,算是乾隆。他一生酷爱写诗、习字、骑射,既继承了祖父康熙的文韬武略,又多情风流,一文一武,张弛有度。难怪自称"十全老人"。

所以,在这些皇帝当中,他们都有才有艺,有的甚至是个中高手,但是我们权衡一个皇帝是英明还是昏庸,不是看他作了多少首诗,画了多少幅画,有多少才艺,而是看他能否担负起对黎民苍生的责任,是否具备安邦治国平天下的才能,是否真正懂得"以民为本,天下归心"的道理。

6. 才情兼备的女子

古人云:"女子无才便是德。"可在中国的历史上,偏偏有这样一些奇女子,凭借才华,在史册上留下了浓墨重彩的一笔。

汉朝的卓文君出身豪门,却与贫困书生司马相如相爱。于是,不顾家人阻拦反对,毅然与司马相如私奔,并流于市井卖酒为生。但她同丈夫开创了历史上最早的一种文学体裁:赋。

东汉才女班昭乃著名的诗人班固之妹。在失去兄长后,强忍悲痛,续写完成中国历史上第一部断代史《汉书》。

同是汉朝的蔡文姬,一生命途多舛,颠沛流离,但不折不挠地作出了《胡笳十八拍》,让曹操都为之倾慕。

宋朝诗人苏东坡的妹妹苏小妹冰雪聪明,洞房之夜出题考新郎,让洞房出题的佳作流传至今。苏小妹的灵巧娇憨也跃然纸上。

而同一时代的女词人李清照在国难当头时发出了"生当作人杰,死亦为鬼雄"的誓言,至今仍然激荡人心,足以让当时的浊须男儿汗颜。

唐朝大臣上官仪之女上官婉儿才华横溢、温婉美丽,深得武则天厚爱。武则天将她留在身边,让她成为自己的左膀右臂。而她也成为中国唯一一位朝堂之上参政议政的女官,其位与丞相并重。

以上这些才女子留名青史,用行动驳回了"女子无才便是德"的谬论。她们用兰心蕙质为中国的男权社会注入了一股清泉。书香红颜、才情兼备,她们也为中国历史书写了最温情华美的篇章。

7. 人言可畏

"人言可畏"出自《诗·郑风·将仲子》。说的是古时候,有个名字叫仲子的男子,爱上了一个姑娘,想偷偷去她家幽会。姑娘却说:"仲子,我也思念你,只是怕父母要骂我,怕哥哥要骂我,怕人家风言风语要议论我。"于是便有了"人言可畏"。更多的是姑娘羞涩的推辞,但有时"人言可畏"这四个字却有着让人难以承受的重量。

《孔雀东南飞》中,刘兰芝与焦仲卿恩爱有加。但因婚后无子,婆婆便要焦仲卿休了她。焦仲卿向母亲求情,但人言可畏,他这样一个孝子怎能为了妻子背上不孝的罪名。于是,他含恨送兰芝回娘家。然后,兰芝回到兄长家中却发生了变化。哥哥让她与太守结婚,长兄如父,她只能答应太守的亲事。因为人言可畏,两个相爱的人只能相约黄泉。

木兰报效国家,替父从军,本是忠孝两全的事,但在封建体制下,怎奈人言可畏啊?她只能女扮男装替父从军。12年后她班师回朝,尽管战功赫赫,但也因为人言可畏,只能选择回家侍奉爹娘。

屈原,一生为实现楚国统一大业而奋斗,但人言可畏,楚怀王听信小人诬陷而疏远了屈原,连屈原自己也感慨"众女嫉余之娥眉兮,谣诼谓余以善淫"。最终他敌不过人言可畏,悲愤难挨,自沉了汨罗江。

一曲《长恨歌》记载了唐玄宗和杨玉环的爱情。"在天愿作比翼鸟,在地愿为连理枝,天长地久有时尽,此恨绵绵无绝期。"但就是这样的爱情,也敌不过人言可畏。马嵬坡下,杨玉环便在众将士的呼喊中香消玉殒。

曹操,可谓是一世枭雄,但他却一生只坐拥帝权而不登帝位,还不是因为这一句人言可畏!

关盼盼,唐朝徐州名妓,她嫁给徐州守师为妾才过了两年,丈夫便病逝了。树倒猢狲散,他所有的妻妾都走了,只剩下关盼盼一人为他守节,这一守就是十年。白居易听闻此事,认为她既然已坚持了这么久,不如以死殉夫,留下"贞洁烈妇"的美名,并作诗一首,"黄金不惜买娥眉,拣得如花四五枚。歌舞教成心力尽,一朝身去不相随。"人言可畏,关盼盼看到此诗,果然绝食身亡。

人言可畏。咱们总说走自己的路,让别人说去吧。但纵览历史,又有几人能真正做到呢?恐怕更多的时候,只能叹一句"人之多言,亦可畏也"。

8. 贵在"持之以恒"

古往今来,凡成大事者必然都拥有一个至关重要的因素,那就是"持之以恒"。可见意志力对一个人的成功非常重要。

三皇五帝时期的神农,要不是他持之以恒地"尝百草之实,察酸苦之味,教民食五谷",恐怕现在人们还在茹毛饮血呢。

吴越争霸时期的越王勾践,立志报仇,卧薪尝胆。由于他坚强的意志,最终灭掉了吴国。正因为他持之以恒,才得以一雪前耻。

我国历史上辉煌的秦朝,也正是因为秦始皇孤注一掷地坚定自己的信念,才有了我国历史上第一次大一统。你可以说他独断朝纲,但他持之以恒的决心却让你不得不钦佩。

三国时期的刘备,若不是他持之以恒,用诚恳之心,一次又一次坚持不懈地拜请诸葛亮,"三顾茅庐",又怎会有诸葛亮辅佐刘家几十年?

还有北朝时期的巾帼英雄花木兰,倘若她没有惊人的意志力,又怎会替父从军,又怎能在纷乱的战场上取得胜利?

从以上不难看出,凡成大事者,无论他们所处的时间、位置有何不同,只要坚定自己的意志,持之以恒,就能达到自己的目标。他们的这种精神成了励志的典范。

五、绘画类比论证练习

1. 胜亦欣然败亦喜

莫奈与梵高是前、后印象派的著名大师,他们所代表的不仅是一个派别,还有乐观和悲观两种人生态度。

莫奈的《日出·印象》中,跳跃的光、跳跃的色、跳跃的水将人们引入自然界色彩斑驳、纯净、清澈的氛围之中,人们感到的是欣喜,是对大自然美景的向往。《睡莲》中,人们首先看到的是那朵在黎明之前准时盛开的莲花,它似乎是向人们展示着夏天盛开在水面之上,与水融为一体的色调。《太阳伞的女人》中,她无论是向右还是向左,都像苏州的双面绣一样。光让人们沉浸于惊奇之中。画面中描绘出的那片柔和的阳光,一片浮云、一把阳伞、一位美丽的少妇,还有她的微笑,我们似乎看到了少妇的恬静与安然。《贝尔岛的岩石》中,画面中央是一块坚不可摧的岩石,而最引人注意的是四溅的小花。我们似乎可以闻到海水的咸味,并且感到海浪不断冲击岩石的坚韧不拔的精神。莫奈通过他的作品向我们透露出他的人生观、价值观,这正是他乐观态度的体现。

与之风格相对的是梵高,梵高是一个悲观主义者。向日葵本来是蓬勃向上生机勃勃的代表,而他所画的《向日葵》却被养在一个花盆里,将生命无限的扩张放弃了。《星月夜》体现的悲观则更加明显,点点繁星缀在黝黑的布景之中,一片恐怖惊惧之色,而星空下的小镇与燃烧的梧桐也都沉浸在一片不安之中,人们同样感觉到了画中透出的绝望。《海滨的渔船》中,五条海船,两条被搁浅在沙滩,三条飘荡在海上,而无论是搁浅或漂流,都显示出了一种孤寂、无助。《乌鸦群飞过麦田》中,画面正中央是一条断掉的小路,预示着生命的尽头,还有画的上方一群代表死亡的乌鸦。这幅画是梵高的绝笔之作。应该说,他人生的悲剧也是他对生活的悲观态度造成的。

在美术作品中,不管是乐观主义造就的名作,还是悲观主义铸成的精华。我们既可从乐观中找寻希望,也可从悲观中看到感伤。它们带给我们的都包含有创造和希望。

2. 绘画中的对比

在欣赏绘画的时候,我们常常会发现画家运用了很多对比,而就是这些对比,体现了绘画的内涵。

首先来看线条的对比。在《维纳斯的凯旋》这幅画中,在湛蓝的天空中,一片乌云最引人注目,而旁边飘逸的丝带、柔软的线条更加突出了乌云的厚重。这种轻柔与厚重的对比,衬托出了绘画中的享乐气氛。《劫夺留西帕斯的女儿》中具备了刚与柔的美。画中英雄的力量与少女的柔美充分体现了这点,也正是这种对比使得绘画的戏剧感更加强烈了。在《泉》这幅画中,首先映入眼帘的就是流淌下来的泉水,泉水的清澈动感与有棱有角的瓷瓶做了对比,也衬托出少女身材的曲线之美。《晚钟》中农民放在地上的农具与照在松软土地上的阳光形成了一种对比,这种刚与柔的对比更加表现出了农民生活的贫苦。从以上这些对比中,我们更加全面地理解了画中的内涵。

再来看色彩的对比。《倒牛奶的女仆》中,我们可以看到在阴暗的小屋里,一缕阳光照在女仆身后的墙上,这是整幅画的最亮之处,形成了画面整体明与暗的对比,表现出女仆内心的压抑。在《卖水的老人》中,首先看到它的背景全是黑色,而卖水老人和小男孩是画面的一个亮点,在黑暗中显得更加突出,让人们容易注意到小男孩和老人脸上的表情。这种对比不但反映出贫富的不同、背景的不同,而且更加突出了画面的内容。《石工》这幅画采用了非常明显的明暗对比。画的上半部分采用的是暗色调,而最引人注目的则是暗色调中有一块明色调——湛蓝的天空。这种明暗的对比给读者增加了一丝遐想,体现出所谓"希望"的含义。而《杜普教授的解剖课》中的明暗对比,则是表现出了人物的内心世界。明处集中在杜普教授的手上,学生则是在大片的黑色中,这种对比反映了当时他们各自不同的心态。

其实,无论是事物线条的对比、色彩的对比,还是光的对比,都是画家在绘画中经常运用的绘画表达方法,而正是合理运用了这些表达方法,才使得画面更加完整,内涵更加隽永。

3. 画由心生

每一幅画都有生命,有自己的个性、情绪。因为绘画是画家内心感受的表达和宣泄,也许明朗、欢乐,也许沉重、压抑。

人们都说梵高的一生印证了什么叫悲剧,但是悲哀的梵高却创作了《向日葵》。画中明快的色彩不仅使花显得如火焰般热烈,更让人体会到在画这幅画时,梵高快乐的心境。

莫奈一生画过许多睡莲,无论是一朵两朵浸在雨中的,还是一池莲花映着夕阳的,每当我心情烦躁时,看一眼《睡莲》,顿觉神清气定。可想而知,莫奈在描绘睡莲时该有着一种怎样的平和心态。

《倒牛奶的女仆》的画面就犹如从女工手中缓缓流出的纯净的牛奶,柔和而细腻。维米尔一定是怀着一种如晨光一样宁静的心绪,才使最质朴的生活在画面上充满了诗意。

安格尔的《泉》将少女的恬静美、纯洁美、古典美表现得淋漓尽致,而这样的美只有拥有一颗如泉水般圣洁的心灵,才能将"泉"描绘出来。

这些画让我们觉得明丽、清朗,而有的画却会令我们感到压抑、不安。

蒙克的《呐喊》中,画面仿佛随着这个人的呼喊一起被扭曲了,猩红的色彩、恐惧的神情,这一切都有一种震撼人心的悲剧力量。只有拥有一颗同样躁动不安、忧郁恐惧之心的人才画得出这样的画。

米勒在《晚钟》里,使横向延伸的地平线和纵向立着的夫妇形成了两个十字架,显得凝重而虔诚。如果米勒不是一个虔诚的教徒,如果米勒不是怀着对农民深切的同情,是无法画出这种圣洁、肃穆的气氛的。

在《格尔尼卡》中,毕加索将一切都扭曲变形,压抑、痛苦、愤怒在画中蔓延。只有对战争深恶痛绝的人才能把极度的痛苦表达得如此传神。

梵高的《乌鸦群飞过麦田》是他的绝笔画。三条路都消失在了金色的麦田中,金色原本代表着希望,但它带给梵高的却只有绝望。梵高内心的迷茫、困惑、绝望尽显无疑。

在我看来,绘画和音乐一样,都是一种情绪的宣泄,是画家将心灵感受外化的结晶。当画家心情愉快、对生活充满希望时,他的画必定是轻松、明朗的。当画家孤独无助、内心痛苦时,他的画必定是压抑、沉重的。人们说相由心生,我想画亦如此。

4. 神的创造与人的创造

神话是离奇的梦,人们总是为神话中无所不能的神而感叹。可当我翻开世界名画之后,我改变了传统的看法。

第一幅是《哀悼基督》,讲述了耶稣受难时的情景。"哀莫大于心死"。圣母托着耶稣的头,眼神里透露着难以言表的痛苦,这种凄凉和哀怨让天使落泪,让天空暗淡,让石墙冰冷,让枯木凋敝,原来神也会为亲情哭泣。第二幅是《西斯廷圣母》,圣母一改往日的丰满和雍容华贵,展现了少女修长的身材和朴素的装扮,让我们感到神的形象如此年轻、如此亲切,但我分明看到她的眼神中充满了对未来的担忧和彷徨。原来神也会恐惧。第三幅《创造亚当》,上帝在天使的簇拥下,一指传递给亚当灵魂,但他并没有给予亚当智慧,因为智慧要靠人类自己去创造。原来神的力量也是有限的。第四幅《斯芬克斯与俄狄浦斯王》里面的女妖有可以飞翔的翅膀,有"矫捷过猴猿"的四肢,有倾国倾城的美貌,然而,她却用残忍的心抹杀了这一切。她用一个无聊的谜语挑逗他人的思想,挑战人类的智慧,最终在悬崖自尽。原来神也荒唐。

一直渴望走进神话里的故事,然而走进了故事,却打破了原来的神话,而回头再看现实中的人们,却带给了我更多的感动。

第一幅《农民的婚礼》,人们生活在一个动荡的时代,虽是衣着简陋,条件有限,食物匮乏,但他们的婚礼沉浸在美好、欢乐、祥和的气氛中。原来,人可以在平凡中享受幸福。第二幅《拾穗者》,高高的麦秸垛是丰收的象征,这丰收的成果却是由三个渺小的农妇完成的。她们对劳动的虔诚让我明白原来人的双手如此伟大。第三幅《蒙娜丽莎》,她是达·芬奇在现实生活中找到的活生生的模特,然而她的微笑却产生了最轰动的反响。原来,人的微笑可以产生如此巨大的魔力。第四幅《哭泣的女人》,她的装扮与她的年龄很不相称,她面目苍老甚至狰狞,她的牙齿稀疏而丑陋,但在我的心里她是美丽的,因为她的眼泪为战争而流,她的心灵渴望和平。原来,人可以因善良而美丽。

我认为神是万能的,可神也有无知的时候。痛苦的时候,人是渺小的,然而人又可以创造欢乐和伟大。相比那些虚无的神的形象,真实的人在生活中的创造更能贴近你我的心灵。

5. 画中景,画中人

一幅好画令人回味悠长,这种感受也许来自画中的景,也许来自画中的人。

乌云铺天盖地地袭来,矮矮的山丘躁动不安,柔弱的小草在风中拼命挣扎,整个小镇都在摇动。这是格列柯《托列多风景》带给我们"山雨欲来风满楼"的感受。托列多小镇的风景让人感到压抑、孤独、沉闷。但在乌云的缝隙中分明可见片片白光。是的,这是黎明之前的黑暗,风雨过后会有彩虹。

同样是描绘景的绘画却会带给你另一种感受。在莫奈的《日出·印象》中,画家以独特的见解和技巧,将日出的瞬间永恒地保留。空气中弥漫的雾气和暖色调的光线相互融合,让人分不清是雾在光中,还是光在雾中,此刻世间的一切仿佛戛然而止,细细观察,又觉雾气升腾、飘动。其实,在这动与静的变化之间,心灵也在随之变化,已烟消云散,心情归于平静。我想,这正是一幅画的魅力所在。

　　对待绘画艺术极具个性处理的当属塞尚。他打破前人用线条勾勒的传统手法,用不同的小色块组成《圣维克多山》,却不乏秩序感。远处棱角分明的山,近处高高低低的房屋、郁郁葱葱的绿树都逐一展现。初识此画,你便能立即感受到画家意图表达的宁静、和谐。

　　如果说《圣维克多山》是以它的"静"让人折服的话,那么梵高的《星月夜》则以"动"将画家内心的矛盾淋漓尽致地展现出来。月亮和星空在不停旋转,不断甩出黄色光线,一切都处于一种运动状态。画家用有序、纵向的线条勾勒出远处的青山和近处的树。那树很高,树顶如针尖直冲云霄。漆黑的夜、扭曲的星空、怪异的树,让我们感受到画家当时的恐慌与不安,也让我想起了那句"不在沉默中爆发,就在沉默中灭亡"。

　　一直以来,人们都把乌鸦看作不祥之物。在《乌鸦群飞过麦田》中,那两条看似充满生机的路,却没有出口,这也从侧面告诉我们,画家当时的绝望与无奈。其实,拥有梦想是幸福的,但拥有梦想却一生都不能实现是多么地可悲。

　　景物表现画家的心境,而画中的人物则是画家自身的真实体现。

　　作家刘墉曾经说过,一个人首先应当自我肯定,才会被他人肯定。我想这句话用在丢勒身上再合适不过。从他的《自画像》中,那自信坚定的眼神、那直指心脏的手指告诉世人,艺术在他心中的地位是不亚于宗教和国王的。或许正是这份自信与坚定,才使得他拥有"德国第一个有思想的艺术家"的称谓。

　　对比越强烈越不和谐。在鲁本斯的《劫夺留西帕斯的女儿》中,就充斥着一种不和谐。画中男子的黝黑和女子的白皙,男子有力的臂膀和女子无力的姿态,男子满脸争夺的满足和女子满目惊慌的恐惧……这一切的不和谐也让我们对幸福、对爱情产生一种思考,其实有的时候放弃倒是一种获得,拥有反是一种失去。

　　对于生活总有很多思考。许多人在看了维米尔的《倒牛奶的女仆》后,都觉得阳光下默默享受着自己工作的厨娘是美丽的,我也有同感。虽然她身份卑微,但从她用白布裹住的头发、干净的外衣、披起的围裙,都透露出一种认真对待生活的态度。的确,有的时候我们改变不了周围的环境,但我们却能够改变自己的心态。

　　生活中的烦恼和苦闷,每个人都会有自己的排解方式。或许是听听音乐,肆意哼唱,或许是找个朋友敞开心扉,或许是找个没人的地方大哭一场。而画家们则是运用他们手中的笔和纸来发泄一番。《呐喊》中,黑色衣襟上架着的骷髅头、睁大的眼睛、张大的嘴、双手捂住耳朵,这些面对恐怖时的动作却是画家心灵的写照。无论是画名还是内容,都让我们感受到人的压抑到达极限时的爆发。其实生活就是一个不断接受与释放的过程。

艺术家们的绘画总是与当时的社会环境有一定联系。20世纪50年代,美国风行抽象艺术。在加利福尼亚,一群青年艺术家企图运用带有表现意味的超级写实主义绘画来打破抽象派的一统天下,查克·克洛斯便是代表人物。他的《苏珊像》,细腻、逼真地表现出人物脸上每寸肌理和每个汗毛孔,细致精确到极点,而且画幅的尺寸非常大。当一个刻画精细的巨幅肖像画出现在人们面前时,让人油然而生一种被征服的感觉。

不管是画中的风景,还是画中的人物,对于欣赏者来说,对画有感受、有触动,便是一种收获。而对于画家来说,让欣赏者领略自己的感受,便是莫大的欣慰。

六、国内地理类比论证练习

1. 城市的特色——休闲的成都与活力的广州

成都市简称的由来:五代后蜀后主喜赏花,偏爱芙蓉,下令在都城成都的城墙上遍植芙蓉树,并派专人护理。后人继承此俗,遍地栽植芙蓉树。每到秋季,芙蓉花开,满城锦绣,花香四溢。成都因此得名为"芙蓉城",简称"蓉城",而芙蓉花现在则成为成都市的市花。

成都历史悠久,是中国历史文化名城之一。成都在中国历史上创造了两个奇迹,一个是它的名字,两千多年来从未变更过,这在中国地名上实属罕见;二是两千多年来,成都一直是四川地区的首府,从未变更过,可以算是中国历史最悠久的省会城市之一。

最早有撰文说,四川在精神气质上与欧洲的奥地利相似,把成都称为中国的维也纳,结果成都人和维也纳人都不以为然。后来又有人称成都为"中国第四城",国内舆论哗然,许多城市不服。只有2000年《新周刊》说成都是"中国最休闲的城市",没人有异议,于是成了定论。

成都是中国的后花园,有道是"四川茶馆甲天下,成都茶馆甲四川"。成都就是一个大茶馆,茶馆便是一个小成都。当你来到成都,无论是出差访友,还是旅游度假,都会被请上这一小方桌,品上这一杯清茶。不用仔细观察,你就会强烈感受到,成都人的生活似乎都和茶馆有关。人们在这里款待宾客、结交朋友等。小小的茶馆几乎包括了整个社会和人生的全部情态和情感。今天的成都,茶室相接,茶馆林立。成都市大大小小的茶馆、茶楼就有3 000多家。几乎有人群的地方都有茶馆,它既是全国之最,也是世界之最。

广州又叫"羊城",简称为穗。民间传说古代南海有五位仙人,身穿五彩衣,骑着五色羊,每只羊口衔六支谷穗,降临"楚庭",把谷穗送给这里的居民,并祝福此地永无饥荒。然后,五仙腾空而去,五羊化为岩石。今天越秀公园的五羊雕便是广州的象征。

广州是一座古都,有两千多年的文明历史,源远流长,长盛不衰。早在春秋时期,先民们就在这块土地上耕耘渔猎。在漫长的历史长河中,广州由小渔村发展成为一个大都市。它是古代海上"丝绸之路"的发源地,是中外经济文化交流的重要门户。

提起广州,人们很容易与现代、繁华、富裕、美丽联系起来。它是我国南部的一座现代化大都市,也是华南地区的政治、经济、文化中心。南部优越的地理环境和气候造就了广州优美的景色,也使得广州常年鲜花繁盛,独得"花城"之雅号。

最能体现广州民俗风情的就是广州的茶楼了,它与成都的茶却是不同的,它更讲究其品位。广州人的食物多数油腻,因而多喝茶也是身体的需要。有人说,广州人的一天是从喝早茶开始的,说是喝茶,其实就是吃早餐。而到了下午,还有下午茶的时间。许多年轻人在茶楼,一本杂志、两杯茶,便营造了一个温馨的世界。所有的话题都可以伴着轻柔的音乐探讨,一切的情感可以就着芬芳的茶香交流。古老的茶叶打造出一个流光溢彩、充满活力的珠江,装点着一个古老、生动的广州。

每一座城市都有其特有的历史和文化,就像每个人都有自己的特征和性格特点一样。每座城市的民俗、历史积淀、发展进程,都代表着城市的文脉,使各个城市放射出更加绚丽的光彩。

2. 山水皆有灵

子曰:"仁者乐山,智者乐水。"说的是,仁爱的人像山一样平和、稳重,值得信赖,而聪明的人则像水一样灵动、敏捷,善于变通。倘若想要具备山水般的品质,我想得首先了解我们祖国的山山水水。

水,可以滋养万物。位于我国青海省东北部的青海湖又名库库诺尔,蒙语意为青色的海。它清澈碧蓝、浩瀚缥缈,是大自然赐予青藏高原的瑰丽珍宝。夏秋之际,湖畔山青草绿,五彩缤纷的野花把芳草茵茵的草原点缀得如锦如缎,而蔚蓝的青海湖似海洋,深邃、典雅。在寒冷的冬季,结冰的湖面像一个巨大的翡翠玉盘镶嵌在高山、草原之间,构成了浓墨重彩的风景画。

有一个地方被称为候鸟的天堂,这就是水天一色的鄱阳湖。它的形成其实只是一个巧合:在公元400年左右的刘宋初年,长江主河道移至今九江—湖口一带,滔滔的江水不仅阻挡了赣江的排水,还倒灌入赣江下游平原,这才逐步形成鄱阳湖。每年春夏之交,湖水猛涨,水面迅速扩大,但见碧波万顷,浩渺无际。因为机缘巧合,有了鄱阳湖,也有了候鸟的天堂。每年冬季,大批珍禽来此越冬,有白鹤、白枕鹤、白头鹤、白鹳、黑鹳和小天鹅等。鄱阳湖养育了候鸟,候鸟装点了鄱阳湖。

如果说长江成就了鄱阳湖,那么定是上天成就了圣湖纳木错。西藏人称它为腾格里湖，意为"天"，这是因为湖水湛蓝明净如无云的蓝天。伸手轻触，涟漪浮开。但它并不柔弱，雪峰倒映于湖中，让纳木错柔中带刚。看着一群群因适应高原的特殊环境，两百万年来逐步变异演化而成的裂腹鱼、条鳅时，你不禁要感叹：物竞天择，适者生存！

山下的纳木错，倒映着山的高大，而山巅的天池，映照了广袤的天空。被称为我国第一深水湖的长白山天池，位于长白山之巅，它是由已经熄灭的火山口积水而成的。水从天上来，池水终年外泄，即使在冬季封冻以后，湖水仍能以潜流形式流出，形成一泻千里的长白瀑布。俯瞰湖区，温泉淙淙，热气腾腾，在山顶之上，湖光天色，烟雾缭绕，虽不是仙境，却胜似仙境。

当然，倘若要说湖，定是不能忘了婀娜多姿的杭州西湖。春天里苏白两堤桃柳夹岸，夏日里莲叶接天，秋夜中三潭映月，冬雪后红梅疏影横斜，无论你何时来西湖，都会领略到它不同寻常的风采。泛舟湖上，真是船在湖中行，人在画中游。

有人说，湖泊是上天的眼睛，而高山则是它的筋骨。因此，水和山历来不可分割。"横看成岭侧成峰，远近高低各不同"，山因雄伟、奇特、秀美、清幽而闻名。

位于山西的五台山，由于由五座山峰环绕而成，五峰高耸，峰顶平坦开阔，如垒土之台，所以被称为五台山。东台望海峰、西台挂月峰、南台锦绣峰、北台叶斗峰和中台翠沿峰，形成了五台鼎立的雄伟之势。它们如同五个巨人，横跨于山西大地，保卫着这里的生灵。

如果你更喜欢柔美之景的话，那就可以去九华山。说它柔美，因为它和天离得很近，云海奇峰、云朵相环、烟雾缭绕，和山相触，未近山，先触云。而远观时，则有李白"昔在九江上，遥望九华峰，天江挂绿水，秀出九芙蓉"之感。

说神秘，九华山可比不上浙江的普陀山。普陀山坐落于舟山群岛，高耸的普陀山山脚下是金色的沙滩、碧蓝的海水，海岛风景令人流连忘返。无论你走到哪里，都是海天一色，使人感到海阔天空。难怪李白会说："以山而兼海之胜，当推普陀。"在这里，美丽的自然风景和佛教相结合，自然多了几分神秘色彩。

四川的峨眉山气象万千，有着"一年四季，十里不同天"的妙处。独特的气候条件可以让你感受到春光灿烂、夏日激情、秋之凉爽、冬之纯洁的奇异景观。行走山间，灵猴便成群结队、手舞足蹈，成为有名的"活景观"，展现峨眉的热情。峨眉天下秀，它不险峻，却秀丽、古老、神气。

最后要说的是武当山。位于湖北省的武当山海拔 1 000 米，人文景观宏伟壮丽，素有"五里一庵十里宫，丹墙翠瓦望玲珑"之说。长达 70 公里的建筑线上，建成了 8 宫、2 观、36 庵堂、72 岩庙、39 桥梁、12 亭台等建筑群，它们都镶嵌在峰峦岩洞和奇峰幽谷之中，布局巧妙、规模宏伟、技艺精湛。登峰远眺，群峰犹如繁星点点，美不胜收。

山,拔地而起,直视苍穹,稳固坚实;水,柔弱静谧,深不可测,温婉包容。人们说如山稳重,上善若水。做人应如山如水,宽容仁厚、刚毅傲骨,临危不惧、处变不惊,这样才能喜赏花开花落,笑看云卷云舒。

3. 刚柔动人之美

中国地大物博,著名城市数不胜数,悠久如西安,宏大如北京,羞涩如苏州,艳丽如扬州,秀丽如桂林,宜人如大连。现在我要说说南京和杭州,因为它们别有一番风味,让人说不尽又道不完。

南京像充满魅力的男子,东临长江三角洲,西靠皖南丘陵,南连太湖水网,北接江淮平原。说他像一位壮志豪情的男子,是因为紫金山成其"虎踞龙盘"之势;说他像一位文质彬彬的书生,是因为钟山风景区有山的清幽、鸟的生气。

也许你会认为他这般英俊定是上天的塑造,其实并非只有此原因,还与其健康膳食有关。在金陵八月桂花盛开时制作的皮白肉嫩、肥而不腻、鲜香美味的桂花鸭,要"轻轻移,慢慢提,先开窗,后喝汤"的皮薄汁鲜肉嫩的小笼包,还有香气浓郁、入口喷香、咸甜软嫩的五香豆,都是他的首选,所以这般形象是由内而外打造的。

南京充满了英雄气概、个性鲜明。他既拥有孙中山纪念馆的威严正气,又有明故宫、总统府的严谨,还有何香凝合葬墓的沧桑,更有中华门的雄健,真可谓个性十足。

但真正了解一位男子,得知道他的过去。丰富的阅历为南京平添几分厚重,南京的历史让后世子孙铭记于心。南京虽然地处江南,但是政治地位的显赫让他成了最具北方城市风格的城市。历史上先后称为冶城、越城、金陵、秣陵、石头城、建业、建康、白下、上元、升州、江宁、集庆、应天、天京等。南京以其悠久的历史、灿烂的文化、雄奇的风姿、绮丽的风光闻名于世。据说南京是中国作为首都次数最多的城市,虽然这些朝代都很短暂,但显赫的王权带给南京无比的荣耀,也给南京人民带来了深重的灾难,南京恐怕也是被屠城次数最多的城市吧!远的不说,近代以来留给我们的就有太平天国时期以及抗日战争时期两次大规模的血腥记忆。南京的陵墓也太多太密,从明孝陵到中山陵再到雨花台,几乎遍布整个城市。所以,饱经风霜的他给人们留下了难以忘怀的记忆。

要评论这位男子,人们话语绵长。诸葛亮曾赞叹道:"钟山龙蟠,石头虎踞,真乃帝王之宅也。"孙中山说:"南京有高山、有深水、有平原,此三种天工,钟毓一处,在世界中之大都市;教育家看南京的学术实力优势连连,其高校就数全国第三。"南京老人说南京如己,沧桑老练;中年人说南京如己,沉稳大方;青年人说南京如己,活力四射;外来人说南京兼具南北文化,包容性强。

如此看来,南京被称为俊男一点不为过。春可游"牛首烟岚",夏可赏"钟阜晴云",秋可登"栖霞胜境",冬可观"石城霁雪"。他融合了南北文化,是一个充满古典神韵的城市。

说完了俊男,再看看美女,倘若把城市比作美女,我以为首数杭州。人们常说女子如水,以水闻名的杭州地处长江三角洲南翼、杭州湾西端、钱塘江下游、京杭大运河南端,拥有水嫩肌肤、明眸善睐,可谓天生丽质。提起杭州西湖,相信许多人为之心驰神往:水波潋滟,游船点点,远处山色空蒙,青黛含翠,恰似白居易《江南好》中"春来江水绿如蓝"。

人说杭州,是浓妆淡抹总相宜,堪称美中极致。和南京一样,她的美依然离不开健康膳食。食素有"西湖第一珍馐"之称,尝色泽红亮、肉质鲜嫩、酸甜可口的西湖醋鱼,品清鲜味美、色泽雅致、风味独特的龙井虾仁,饮清新淡雅、香馥若兰、沁人心脾的西湖龙井。难怪杭州会如此清丽脱俗。

别看杭州是位女子,但却个性鲜明。不管是许仙白娘子相会的断桥,还是梁祝十八里相送的长桥,或是苏小小的西泠桥,都显现出她的多情;而雷峰塔又见证了她的坚贞不屈,香火缭绕的灵隐寺倾注了她的虔诚。

历史证明,这位女子并非只是外表华丽的花瓶。杭州曾是五代吴越国和南宋王朝两代建都地,是我国八大古都之一。自隋开皇九年废钱塘郡,置杭州,杭州之名首次在历史上出现。从光绪二十一年签订《马关条约》,杭州开始作为日本通商商埠到清末轰动全省的教师风潮再到武昌起义成功,杭州全城光复,这一路走来,杭州跌跌撞撞,但仍坚强万分。悠久的历史并没有成为杭州前进的负担,反而让她内外兼修、与众不同。

评说杭州,不知多少文人墨客都曾将她作为心中的圣地,苏东坡说"欲把西湖比西子,淡妆浓抹总相宜",林逋赞"疏影横斜水清浅,暗香浮动月黄昏",柳永记下"有三秋桂子,十里荷花",就连意大利旅行家马可·波罗也赞叹她是"世界上最美丽华贵之城"。与南京的"商女不知亡国恨,隔江犹唱后庭花"不同,杭州古巷里面飘出来的是"小楼一夜听春雨,深巷明朝卖杏花"般的唯美柔情。

她真的很美,光平湖秋月、苏堤春晓、断桥残雪、雷峰夕照、南屏晚钟、曲院风荷、花港观鱼、柳浪闻莺、三潭印月、两峰插云就让你目不暇接,更显她的情意绵绵,妩媚动人。

南京与杭州,不够华丽,但够雅致;不够热闹非凡,但够含蓄隽永;具备景色的别致、历史的厚重,足以令众多城市羡慕不已。

七、国外地理类比论证练习

1. 巴黎和伦敦的著名建筑

我们在品味异域文化的时候，首先映入我们脑海的往往是这个国家的建筑艺术所折射出的独特魅力。

首先我们来看一个浪漫的国家——法国。巴黎圣母院是老巴黎的象征，这座哥特式的巨石建筑是巴黎最古老、最高大的天主教堂。其最具特色的是，在圣母院的屋顶和塔楼等所有的顶端，都筑造有尖顶，它是历史上具有时代意义的建筑物，渗透着一种浓厚的宗教氛围。

埃菲尔铁塔是现代巴黎的标志。它的精确高度是 320.775 米，高耸入云。其独特魅力在于埃菲尔铁塔的塔身分为四层，前三层设平台高栏，供游人眺望巴黎全景，还有豪华饮品店、大众啤酒馆、商店、影剧院等现代设施。这座世界上第一座钢铁结构的建筑，展现着浪漫之都——巴黎的现代气息。

卢浮宫，这座举世闻名的艺术宫殿早已成为法国的骄傲，它由原来金碧辉煌的王宫演变为现代的博物馆。卢浮宫建筑中最富个性的是，在其正门处有一个透明的金字塔建筑，当夜色来临时，金字塔中的灯光从玻璃中折射出来，神秘而优雅，为卢浮宫增添了奇异的色彩。卢浮宫这一建筑与它的艺术收藏紧密地联系着。

凯旋门是法国最宏伟、最著名的名胜古迹之一。它坐落在巴黎市中心戴高乐广场的中央。其罗马式拱形门高大宏伟，而最引人注目的是门内壁和石柱上刻写着法国战史的宏大场面和当年跟随拿破仑的所有将军的名字，门下有无名烈士墓，这足以看出这座驰名世界的建筑渗透着对历史英雄的敬仰。

我们看过了法国独特的建筑艺术之后再看一看英国。其实英国的各色建筑在世界上也熠熠生辉。

圣保罗大教堂同样是宗教风格的建筑，它被称为世界第三高教堂。它是由两座高为 150 米、宽 37.5 米的两层十字架大楼构成，中间托起一个高达 111.4 米的圆形屋顶，屋顶上有一个镀金的十字架。整个建筑物给人以宏伟庄严的感觉，这座具有中世纪风格的建筑同样散发着庄严肃穆的宗教气息。

伦敦塔桥是伦敦的象征性建筑，它历经百年沧桑，吸引无数游客驻足。两岸是两座用花岗石和钢铁建成的高塔，上层支撑起两岸的塔楼，下层可以让人通过。最令人称奇的是，如果有轮船驶来，只需鸣笛，一分钟内下层会往两边翘起。这一建筑在世界桥梁史上可算一大奇迹。

伦敦的大英博物馆和纽约的大都会艺术馆、巴黎的卢浮宫同时被列为世界三大博物馆。其最壮观的便是博物馆正门口的两旁,各有8根又粗又高的罗马式圆柱,每根柱的上端是一个三角顶,上面刻着一幅巨大的浮雕,整座建筑气势宏伟,它的独特韵味与里面收藏的艺术宝藏相呼应。

惠灵顿凯旋门是英国标志性建筑,是为纪念惠灵顿公爵在滑铁卢战役中取胜而修建的。凯旋门上的雕塑高达40英尺,是英国最大的铜雕塑,素有"伦敦眼"之称。

透过法国巴黎和英国伦敦这两座城市建筑的对比,我们不难看出,无论是充满宗教气息的建筑巴黎圣母院、圣保罗大教堂,还是充斥着现代元素的建筑埃菲尔铁塔、伦敦塔桥等,都是建筑师们创新的设计和属于他们那个时代最前沿的理念构建的辉煌。其实,我们要相信,奇迹永远都源于智慧。

2. 经典留住记忆

有一位哲学家曾经说过,"世界就是一本书,不去旅行的人只读到了其中一页"。如果你想去旅游,我推荐两个国家:极具神秘色彩的印度和极富时尚浪漫的法国,因为它们都拥有悠久的历史文化和鲜明的民族特色。

首先是印度,"印度"在梵文中的意思是月亮。有人说,来到印度就像到了五个不同的国家,东南西北中,各有风土民情,但不论你是国际政要还是普通游客,一定要去位于新德里以南200公里处浓缩了印度古文化的"爱情丰碑"——泰姬陵。泰姬陵是世界七大奇迹之一。西方历史学家在谈及这个由22 000个工匠耗时22年之久才得以完成的杰作时,无不惊叹于它在建筑学上未被超越的美。泰姬陵通体用雪白的大理石砌成,在早中晚不同时间去看泰姬陵,总能有不一样的感受。每天朝霞升起时,一轮红日伴着亚穆纳河袅袅的晨雾,泰姬陵自香梦沉酣中苏醒,静谧安详;中午时分,泰姬陵头顶蓝天白云,脚踏碧水绿树,在南亚耀眼的阳光映衬下,更显得光彩夺目;傍晚是泰姬陵最妩媚的时刻,夕阳西下,白色的泰姬陵从灰黄、金黄逐渐变成粉红、暗红、淡青,随着月亮的冉冉升起,最终回归银白色。在月光的轻拂下,即将安寝的泰姬陵清雅脱俗,美得仿佛下凡的仙女。泰戈尔说,泰姬陵是"永恒面颊上的一滴眼泪"。作为一座爱情丰碑,泰姬陵成为世界上最优雅、最富浪漫气息的建筑之一。

除了美丽的建筑,印度的人文景观也与其风景一样绚丽迷人。很多来到印度的游客会被一项发源于印度宗教的运动所吸引,这便是——瑜伽。瑜伽一词原意是驾驭牛马,这个词也意为达到最高目的的某些实践或是修炼。瑜伽有悠久的历史。它有助于人们消除紧张,恢复精力,还可以使人们获得快速深度休息。如今,它不再是少数隐居人士的秘密,已在全世界广泛传播。

瑜伽让印度人休养生息、强身健体,也让印度女人更具魅力、更显迷人。还记得小时候看印度电影,里面的印度女人眼睛大而明亮,身材婀娜丰腴,手脚上戴满了铃铛,露着肚皮、手舞足蹈地唱着跳着,加上绚丽的纱丽和印度迷香,真是风情万种。

印度沙丽,是印度最具特色的女性民族服装。它不仅美丽,还是一款多功能服装。一段简简单单的彩绸,不缝不缀,在身上盘来绕去,竟能变幻出万般花样。在我看来,沙丽的迷人之处在于,不论你高、矮、胖、瘦,它都适合你。它既能帮你掩饰缺憾,又能助你凸显优点。沙丽有多种质地,丝绸的、纯棉的、镶金丝花边的,还有类似尼龙或化纤面料的。许多印度妇女往往备有几十套甚至上百套沙丽用于不同场合;新娘子往往选用大红或明黄等艳丽的颜色,上面配以金线绣花,以显富贵华丽;出席晚宴、庆典等社交活动往往穿着质地高档、手工绣花并配有花边的,以表现高贵典雅。印度妇女收藏的沙丽体现她们的贫富等级,是她们一生中很大的一笔财产。

印度女人身上绝对不会有厨房里的油烟味,而是印度香熏味。从古至今,印度女人都同"香"字结伴而行。怜的是"香玉",出的是"香汗",托的是"香腮",住的是"香闺"……香薰,你可以将它看作一种时尚,也可以看作一种休闲方式。在弥漫着海洋、森林、花朵、果实等气息的空气中,伴着音乐,让肌肤与植物的液体黄金——植物荷尔蒙互相交融,达到调节肌肤酸碱度、补充肌肤营养的目的。

印度是令人神往的,法国也具有独特的魅力。法国的浪漫体现在不同事物带给人们不同的惊喜。

首先是法国的巴黎圣母院,它是法国标志性建筑之一。独特的哥特式建筑风格加上浪漫的爱情故事,给它增添了独有的魅力。巴黎圣母院坐落于巴黎市中心塞纳河中的西岱岛上,始建于1163年,整座教堂的建设历时180多年。巴黎圣母院是一座石头建筑,在世界建筑史上,被誉为一部由巨大的石头组成的交响乐。它的正外立面风格独特,结构严谨,看上去十分雄伟庄严。它被壁柱纵向分隔为三大块,三条装饰带又将它横向划分为三部分,其中,最下面有三个内凹的门洞。门洞上方是所谓的"国王廊",上面有代表着以色列和犹太国历代国王的28尊雕塑。虽然这是一幢宗教建筑,但它闪烁着法国人民的智慧,反映了人们对美好生活的追求与向往。

"生命在于运动",法国人除了喜欢罗曼蒂克之外,也喜欢富有挑战性的极限运动。水上摩托和冲浪运动,让他们充分体验在蓝天碧水间风驰电掣、搏击海浪的潇洒;激流皮划艇和水上漂流让他们享受一泻千里、惊涛骇浪的刺激。山地这种美丽而凶险的演练场,让他们抛弃了现代文明带来的舒适与慵懒,拥有了与自然共存的能力。如果细心的话,您会发现在法国的一些影片中,极限运动是经常出现的。

在法国,漂亮女人随处可见,她们行走在巴黎街头,令人眼花缭乱。她们不像印度女人那样只追求婚姻,在巴黎,办公室职员几乎都是阴盛阳衰,而服务性行业更是女性一统天下。在这儿有很多未婚妈妈、单身女郎,她们对待生活积极而坦然,绝不哭哭啼啼、自怨自艾。

法国女人在穿着打扮上很有韵味。在法国,最具代表性的服装品牌便是香奈尔,它不仅受到法国女人的喜爱,也受到世界各国女人的追捧。香奈尔于1913年在法国巴黎创立。香奈尔时装高雅、简洁、精美,善于突破传统,早在20世纪40年代就成功地将"五花大绑"的女装推向简单、舒适。而且其线条优美,面料考究,是爱美女士的最好选择。

法国香水举世闻名,它和时装、葡萄酒并列为法国三大精品产业。法国香水均使用天然原料。这些原料来源很广,如花、水果、球类植物等。无论是香水所使用的材料还是精雕细琢的香水瓶,都显示着法国人的卓越才华和高雅品位。选用香水也很有讲究,因为不同香水具有不同意义和审美效果。香水,从某种程度上讲,成为法国的代名词。

不论是绚丽多姿的印度,还是浪漫温情的法国,都以它们独有的特色吸引着人们,用特色成就经典,用经典留住记忆。

八、历史类比论证

1. 变法与发明

中国历史上无数次的变法和发明推动了社会的发展,成为中国前进的动力。

我们先来看历史上的变法给中国带来了怎样的发展。公元前356年,秦国的商鞅变法:废井田,开阡陌,废除特权,奖励耕战,建立县制。从此,秦国的封建经济得到了发展,国家的实力也增强了,为秦统一全国创造了条件。

北魏孝文帝改革:公元485年颁布均田令,实行汉化政策。改革促进了北方经济的恢复,加速了北方少数民族封建化的进程,同时也促进了北方民族的融合。

后周周世宗改革:采取措施开垦荒地,取消苛捐杂税,重视兴修水利,整顿军队,严格纪律。后周力量的增强为后来结束分裂割据的局面奠定了基础。

王安石变法:颁布青苗法、募役法、农田水利法、方田均税法以及兴修水利,重视发展农业,政府的收入增加了,军事力量也有所增强。

我们再来看看历史上的一些发明给中国带来的发展。蔡伦发明了造纸术,他把树皮、麻头、破布、破渔网等原料浸泡在水中,将其捣成浆状物,再经过蒸煮,最后摊成薄片晒干,形成纸。这时的纸,体轻质薄,很适合写字,它为后人的书写提供了物质基础。

毕昇发明了活字印刷术。制版时,用一块带框的铁板作底托,上面放松香或蜡之类的东西,然后把需要的胶泥活字拣出来排进框内,再用火烘烤,等松香等药剂融化后,再用另一个板子压平排好的活字,等药剂冷却凝固后,就成为版型。这一发明为现代印刷术的发展奠定了基础。

指南针的广泛使用促进了海上交通贸易、中外文化交流和人类航海、航空、勘探事业的发展。

火药的发明与中国古代发达的冶铁技术有着密切联系。在冶铁过程中,工匠们发现硝石、硫磺与含碳物质合在一起加热后会爆炸,于是经过一定比例的配制,发明了火药,为枪、炮等武器的发明提供了必要条件。

不论是变法还是发明,都推动了社会的发展。创新发展是人类前进的动力,因此,也可以说,人类的文明史也是一部创新发展史。

2. 生命的高度

五千年华夏文明,不一样的时代不一样的故事,成就了不一样的命运。在中国的历史舞台上,有的女人是受人仰慕的珍珠,有的女人是万人唾弃的祸水。她们在历史上留下了不同的生命印记。

妲己:她艳如桃李,妖媚动人,却是千年狐狸幻化成人,《封神榜》中命名九尾狐仙。她进谗言、害忠臣、惑国君,令纣王沉迷于"酒池""肉林",荒淫无度。最终,商朝灭亡,纣王自焚。

褒姒:这个千金难买一笑的女子,深受幽王喜爱。幽王为博美人一笑,不惜烽火戏诸侯,上演了一场历史闹剧。虽然换来美人一笑,但这一笑,笑走了千军万马,笑失了诸侯信任,笑掉了大好江山。留下"美人一笑倾人城,再笑倾人国"的千古伤痛。

吕后:此人进谗言、害忠臣、搞离间、后宫专权,不仅一代英雄韩信命丧其手,还命人诬告彭越谋反,灭其宗族。她心胸狭隘,心狠手辣,将情敌戚夫人砍去四肢,挖去双眼,割去鼻子、割掉耳朵,药哑嗓喉后,扔入厕内。将自己的外孙女嫁给儿子为后,使他们成了一对怪异夫妻。对权力的欲望使她离正道越来越远。

杨贵妃:"一骑红尘妃子笑,无人知是荔枝来。"这位爱吃荔枝的美女,把唐玄宗迷得神魂颠倒、晕头转向,君王为其不早朝。殊不知,国衰人亦亡,最终安史之乱爆发,自己也落得个马嵬坡香消玉殒。从开元之治到安史之乱,大唐帝国由盛而衰,世人都说是她红颜祸水,想必她也未曾料到水能载舟,亦能覆舟。

有的女人是红颜祸水,人民千秋唾骂,但有的女人却成就了国家的荣誉、英雄的伟大。

钟无盐:她的丑陋举世无双,而才华也举世无双。如果没有她,齐宣王只是一位不理朝政、花天酒地、败坏国家的昏君。她改变了宣王的堕落,给他当头一棒,铮铮谏言使齐宣王幡然醒悟。她尽心尽力地辅佐齐宣王,使齐国国力大增,成为"千乘之国"。于是,她成了皇后,母仪天下,任何美女都无法撼动她的地位。原来,外表的丑陋并不能改变内心的美,而这种美让人民永远铭记于心。

王昭君:当红颜被黄沙遮盖,只有那琵琶声,声声依旧。"昭君出塞"已成千古佳话。一位平凡的宫女,却完成了大汉的使命,她献身和亲,换来中原安宁。她带去了大汉的生产生活技术,提高了匈奴的生产力和生活水平,促进了汉匈和谐。她为大汉所作的贡献令世人传唱,千古流芳。自昭君以后,各朝和亲的政策延续发展,汉匈关系融洽,国泰民安。

文成公主:那个离苍天最近的地方,曾经生活着一位快乐的公主。现在的西藏布达拉宫就是当年松赞干布为文成公主而建。文成公主远嫁吐蕃松赞干布,贤淑为妻,稳定了边疆。就是从那时起,西藏真正开始了与中原文化的交流。可以说,文成公主为西藏自唐朝被纳入华夏的版图立下汗马功劳。文成公主——最成功的女外交官。

孝庄皇后:她是来自科尔沁草原的女子。她成就了自己的丈夫,又成就了自己的儿子,最后辅佐了历史上一位最著名的皇帝。在那黑暗的政治漩涡里,作为一个女人,她依然能做到高人一等,从皇太极到多尔衮再到顺治最后是康熙,大清王朝从崛起到问鼎中原就是她一生的传奇。

总之,作为女人,她们不一样的作为成就了她们在人们心中不一样的地位,有的被世人赞美敬仰,有的则遭万人唾骂。因此,如果你也身为女子,请增加生命的高度。

3. 名人风采话关张

古往今来,名人总让人铭记,可成就一位名人需要太多偶然、必然因素,有的天生就是奇才,有的需要经过磨炼方成大器,当先天和后天两大因素同时具备,便有可能成就一代名将,比如战神张飞和关羽。

张飞脸黑,传说他是面如锅底,眼如铜铃,有着方正的黑脸,身长八尺,声若巨雷,势如奔马,杀气腾腾,虎虎生威。敌人见了不怕才怪。

就是因为敌人见了张飞就怕,才有了后来吓退长坂坡这一故事。当时张飞奉劝大哥刘备先走一步,然后独自带领二十余骑兵断后,横矛立马站于当阳桥上,大喝:"吾乃燕人张翼德,谁敢与某一战!"其勇猛可见一斑。

但张飞可不仅仅是个勇夫,要说有智谋的武将,张飞也是其中的佼佼者。建安二十年时,张飞驻守巴西。当时曹操手下大将张颌率二十万兵马围攻此郡,而城中可用兵士只有三万。张飞就是在如此险要的形势下拖延时间,先乱敌军士气,然后选择在一个夜晚率五千兵马突袭张颌后营,大破对方二十万大军。可以说是有勇有谋。

张飞勇猛无敌,于百万大军中斩杀敌将如探囊取物。他的武器是矛。矛讲究一击必杀,抓住敌将死穴,一击定输赢。

但是张飞因为太直率而丢了性命,在他的二哥关羽被东吴设计害死之后,他怒气冲天,令手下将领范强等在三天内做出十万支箭,如未完成则斩首示众。可手下将领却因害怕被杀而先下手为强,将张飞人头割下。一代名将的一生就此结束,死在了自己的意气用事之下。

再说关羽。

话说关二爷身高九尺,光胡须就长达两尺。和张飞不同,关羽脸不黑,而为红,所以有红脸关羽之称。但关羽脸红决非因害羞,而是因喜怒。试想一下,两军对垒,尚未开战,主将杀气冲天,必将鼓舞士气,因此关羽也是一位天生的将领。

关羽曾被人誉为三国最有价值的武将,比如过五关斩六将。当时关羽护送嫂子回刘备麾下,可面前却拦了五个关卡,谁知关羽手起刀落,刀起头落,一路无阻。他还丢下一句名言:各路名将于我关云长面前无异于插标卖首而已。可见其勇猛不亚于张飞。

关羽也是一位智勇双全的将领,在对战于禁的战役中,关羽又上演了以少胜多的好戏,水淹七军,淹得于禁叫苦不迭。关羽也在这一战中充分利用了天时地利,让这一战成为三国史上最经典的战役之一。

关羽喜欢斩字,这是因为他与生俱来就有一种豪气。他用的武器是刀,一刀斩下,人仰马翻,刀比其他兵器更能淋漓尽致地演绎名将的飒爽英姿。

然而,就是因为关羽胜得太多,造成了他的骄傲。最后败走麦城让人始料未及。看着这位伟大的武将被东吴杀害,头颅被献给曹操时,真有一种说不出的酸楚。

然而,无才的人怎可骄傲,无义的人又怎可自负?三国舞台孕育出那么多名将又有几人经得住如此推敲?因此,我们应该为他们喝彩,在那个武将林立的时代,他们的位置无可取代。

4. 伴君如伴虎——追忆历史上的贤臣名将

毛主席有这么一句名言:"枪杆子里面出政权。"从古至今,每一次王朝的更替都是通过战争与杀戮的方式完成的,血腥与残忍充斥了整个历史的画卷。而每一位建朝君主的身边必然有几个或是能文、或是能武的功臣,他们为一个朝代的建立立下汗马功劳。

但是,自古帝王都害怕身边的朝臣功高盖主,这些功臣往往因一些莫须有的罪名含恨而终。当然也有一些明智之士早已预料到自己的命运,选择急流勇退,得以安度余生。

历史上以急流勇退闻名于世的第一人就是春秋时期吴国将领——孙武。春秋时期,诸侯争霸,群雄逐鹿,孙武协助吴王夫差打败了楚国,但是在此之后,夫差日益自以为是,不纳贤言,甚至听从了奸臣的挑拨,杀害了功臣伍子胥。孙武对这一事件感到十分寒心,他深知"飞鸟绝,良弓藏;狡兔尽,走狗烹"的道理,于是悄然归隐深山。之后,他根据自己训练军队、指挥作战的经验,修订兵法13篇,使其日臻完善。孙武给自己留下了一条活路,给历史留下了一部名著。

吴国的邻国越国,也有这么一位能臣,他就是范蠡。说到范蠡,很多人会联想到另一个著名的历史人物——西施。越王攻打吴国之时,正是采纳了范蠡的建议"按师整兵,待其败坏,随而击之"才得以获胜。攻吴成功后,越王设宴庆功,宴上群臣同乐,细心的范蠡发现独有越王脸上并无喜色,仔细思考之后,觉得"大名之下,难以久居",明白勾践并不是可以同享乐之君主,于是带着西施隐姓埋名、泛舟五湖。李白有诗云:"终与安社稷,功成去五湖。"说的就是范蠡。范蠡的功成身退,不仅保全了自家性命,还成就了一段千古佳话。

汉朝的开国功臣张良也是识时务的代表人物。汉王六年,平定了天下的刘邦大封功臣。因张良没有作战之功,刘邦便说:"运筹策帷幄中,决胜千里外,子房功也。自择齐三万户。"可张良却说:"始臣起下邳,与上会留,此天以臣授陛下。陛下用臣计,幸而时中,臣愿封留足矣,不敢当三万户。"于是刘邦封张良为留侯。表面是张良的谦虚推托之词,实则是他的权宜之计。张良虽然是在目睹了韩信之死之后才醒悟到不可居功的道理,但也为时不晚,保住了自己的性命。

"半路杀出个程咬金""程咬金的三板斧"这两句俗谚是我们耳熟能详的。程咬金有个外号叫"混世魔王",真是人如其名,干的混事数不胜数,曾为瓦岗寨人魔国国王,后投降李唐,凭小聪明和运气也立了不少大功。一生运气极好,活到一百多岁,历经高祖、太宗、高宗、武则天、中宗、睿宗六朝,可以说是隋唐英雄中第一福将。他的福,不是因为他的傻,而是来自于他的心性,也来自于他的外粗内细和处世精明。他的福,让人们明白了什么是明哲保身。

唐朝的名将郭子仪,可以说是将"隐忍"二字诠释得最为淋漓尽致的一个人物。郭子仪戎马一生,平定了安史之乱,屡建奇功,但他从不居功自傲,忠勇爱国,宽厚待人,因此在朝中有极高的威望。为了避免是非,还多次拒绝高官厚禄。郭子仪70大寿,全家人都来拜寿,只有他的六儿媳升平公主未到。儿子气愤之下打了皇帝的金枝玉叶,郭子仪得知此事,立马带着儿子向代宗皇帝请罪。没想代宗大度:"儿女闺房琐事,何必计较,老大人权作耳聋,当没听见这回事算了。"郭子仪谢过皇恩,回家后痛打儿子,小两口才又和好如初。郭子仪的隐忍,保全了全家人的安定,也可以说是舍小得大了。

这些功臣虽都战功赫赫,但更深知"伴君如伴虎"的为臣之理,在功成之后得以身退,善始善终。但也有很多的名将贤臣,固执己见,不明不白地成为一缕冤魂。

比干是中国历史上一位有名的忠臣，十分忠心地辅佐纣王，商朝国力也在他细心的打理下不断强盛。可是当妲己和奸臣勾结扰乱朝纲的时候，他还一直寄希望于早已被美色迷惑的纣王，坚持直谏诤言。可他万万没想到，昏庸的纣王不仅没有纳谏，还在妲己的蛊惑下，挖了比干的心脏。一代忠臣，落得如此结局，可悲可叹啊！

与孙武同朝为官的伍子胥，自恃功高，没有听从孙武的建议一同辞官，还经常在处理国事时与夫差争执，最终为奸人所害，赐剑自刎。可怜伍子胥，纵有文韬武略，也终因自己的不舍权贵而牺牲。

秦国一举灭六国是历史上的一大奇迹，而帮助秦王创造这个奇迹的人，就是战国四大名将之首——白起。白起指挥许多重要战役。大破楚军，攻入郢都，迫使楚国迁都，楚国从此一蹶不振。伊阙之战又歼灭韩魏24万联军，彻底扫平秦军东进之路。长平一战一举歼灭赵军45万人，开创了我国历史上最早、规模最大的包围歼敌战先例。大小70余战，没有败绩，从最低级的武官一直升到封武安君，六国军队闻白起而胆寒。白起一生共歼灭六国军队约165万人。长平之战后，秦昭王欲发兵邯郸，当时白起并不赞成，外加卧病在床，就没有带兵作战，结果战败，白起听到后说："当初秦王不听我的计谋，现在如何？"昭王听后大怒，外加小人挑拨，便迁怒于白起，赐剑令其自刎。一代名将白起，就这样结束了自己的生命。

岳飞是闻名中外的抗金英雄，同时也是最让人扼腕叹息的祭品。岳飞一生经历130多次战斗，无一战败，所至之处，金兵无不闻风而逃。可惜这样一位顶天立地的英雄，在收复疆土的宏愿即将实现之际，却被朝廷十二道金牌催回，枉死于贼人秦桧之手。岳飞短短一生，忠义之心震古烁今，中华民族从此又多一铮铮脊梁……

明朝开国将领之一徐达，是史上第一位"由南而北伐中原夺天下者"，也是朱元璋的"十手足"之一，一生助朱元璋打了无数胜仗，且为人谨慎谦逊。即使如此，生性多疑的朱元璋还是对他极不放心，欲除之而后快。相传朱元璋当年怕他威胁朝廷，赐他一大碗烧鹅吃。徐达因为对烧鹅过敏，所以平日不吃烧鹅。但皇帝所赐，又不能不吃。结果在涕泪纵横之下，把朱元璋所赐的烧鹅全数吃完。之后，全身溃烂而死。

每个朝代的兴替都是一部血泪史，无疑帝王是这部历史的主角。但那些鞠躬尽瘁的贤臣将相的功绩也是不可磨灭的。虽然他们的结局不尽相同，但是无论如何，都曾为黎民百姓而辛勤付出，为天下社稷而征战沙场，为中华上下五千年的史书增添决定性的一笔。他们的铮铮铁骨，将永为我们后人所景仰。

第八单元　心理动作性与语言动作性

第一部分　理论概要

主持人对生活中的事物有所发现和感悟,然后把所感悟的内容,通过语言传播给受众。主持人的语言必须有积极明确的动作性——内心要有传播思想感情的强烈愿望,这样语言背后才有动力,有了动力才能通过语言更好地传播内容,实现传播的有效性。

什么是动作? 动作也叫行动、行为,它包含:(1)由意志出发(强烈的愿望),(2)明确的目的性。例如:思考、判断、要求、揭露、抗议、解释、概括、弥补、痛斥、安慰、引导、分析、表达、动员、号召、说服、说明等都是动作,都是以心理动作为依据,通过积极的语言动作来实现的。

在现实生活中,人的心理动作是具有重大意义的。任何外部动作,都先由心理动作开始,采取行动前判明情况,产生态度,作出决定,然后开始行动。行动由语言动作和行为动作完成。但有些主持人却常常丢掉了心理动作,因此不知对谁说,为什么说,更不能在交流中、感受中、思考中来说,所以失去了语言的意义和语言的生命力。另外,主持人在镜头前,哪怕是一个下意识的很微小的动作、表情的变化,都逃不脱观众的眼睛。他们会从你微小的动作、表情的变化中观察和获取信息,而这种信息比语言更真实、可信。

心理动作越积极,语言动作越积极。语言动作越积极,越能引发受众意识中的某种改变,达到传播目的。

观察力、记忆力、想象力、思维力、实践力是智力结构的基本组成要素。观察力是摘取信息的窗口,记忆力是经验的储存,想象力是智慧的翅膀,思维力是智慧的核心,实践力是智慧转化成物质力量的凭借,语言是所有智能要素的表达。所以,语言表达是智能的一种表现,是自身修养和知识的结晶,是思维深入化、周密化的结果。但不管你具有什么样的思维方式和语言表达方式,都不能离开积极的动作性,都不能离开和违背人的行为的自然法则。

作为主持人,要进行积极有效的传播,而积极有效的传播的依据就是积极的心理动作。

第二部分 教学内容及同步练习

一、绘画接语练习

根据绘画作品做即兴接语练习。

二、历史接语练习

用历史事实做即兴接语练习。

三、国内地理接语练习

用国内地理做即兴接语练习。

四、国外地理接语练习

用国外地理做即兴接语练习。

五、现实问题接语练习

用现实问题做即兴接语练习。

六、综合接语练习

用绘画、国内外地理、历史、现实问题做即兴混合接语练习。

七、即兴救场练习

训练主持人在主持工作中对各种意外情况进行弥补。

第三部分　教学目的与要求

（1）先请四位同学做接语练习，接语练习必须承上启下。承上就是要把上面同学所说的内容进行概括。启下就是经过转换，把新的内容说出来。概括要准确，转换要合理、自然。

（2）认真倾听他人的表达，自己说的内容要有新意，有与上一位同学完全不同的新内容。

（3）轮到的同学必须接着说下去，不能断。反复轮流做，老师示意才能停止。

（4）当几种练习做好后，再做混合接语练习。由四位同学做练习改成两位同学做练习。

本单元主要培养学生积极的传播意识、强烈的传播愿望。做练习时，要引导学生明确为什么说？对谁说？怎样说？通过你传播的内容让人领悟到什么？另外，这个练习也是训练学生对知识活学活用的能力。

第四部分　学生作业例稿

一、绘画接语练习

（1）在照相机出现之前，人们往往用绘画记录生活。因此，我们在欣赏绘画时，可以看到当时人们的生活状况。比如勃吕盖尔的绘画《农民的婚礼》，画面色调沉闷，画面中的人们衣着简单、质朴，脸上几乎没有什么笑容，他们要么窃窃私语，要么专心于食物，从这一切我们可以看出：当时社会的动荡不安，人们心中有种难以抑制的恐慌。尼德兰的捣毁圣像运动让生活在底层的人民苦不堪言。由于生活物资匮乏，人们只有利用别人家的婚宴来填饱饿了很久的肚子。艺术家用笔触真实地记录了这场特殊的婚礼。

（2）接：《农民的婚礼》让我们看到了艺术家对现实生活的反映，还表现了画家自己的内心世界。说到用绘画表现内心世界的画家，不得不提到梵高。梵高是一位充满悲情色彩的人物，他有严重的自闭症，一生没有真正卖出过一幅绘画。没有人理解他，在旁人眼里，他就是一个冷漠的疯子。只有当你站在他的画前，你才能感受到这位天才画家不为人知的热情。《向日葵》是他的代表作，画里用大面积的金色象征生命的活力，如火焰一般的花朵翻卷向上，展示了一种不畏现实的勇气。狭小的花盆表现了他对生活压力的无奈,同时也告诉世人:无论生活的土壤多么贫瘠,我都会在这贫瘠的土地上开出绚丽的花朵。他很少与他人交流,但通过绘画把他的思想永远地留给了后人。

（3）接:绘画承载着画家的思想,同时也承载了一个时代的烙印。文艺复兴时期的绘画就可以明显让人感受到这一点。当黑暗的中世纪过去,人们迎来了充满人文主义的春天。在米开朗基罗的绘画《创造亚当》中,亚当以一个健美的男子形象出现在画中。而万能的上帝被刻画成一个白发苍苍的老者,第一次以人的形象出现,这在以往是绝无仅有的。亚当躺在岩石上等待上帝之手开启智慧。两只即将碰触的手让人产生无尽的遐想:当人拥有智慧之后,他将摆脱上帝的操纵,掌握自己的命运。从这里我们可以看出,当时的人们已经有了摆脱宗教束缚的勇气,真正进入了人文主义时代。

（4）接:每一个时代的画家,似乎都是一个时代的先行者,他们的认识总是走在潮流的前端。20世纪的画家更是如此,波普艺术就是一种显著的流行文化。比如那幅著名的《玛丽莲·梦露》,其中梦露的头像被不断地复制,每幅头像的色彩深浅都有不同,看的人会发现,梦露最初的容颜已经不在了。这就是现代如同生产车间一样的造星运动。人被包装改造一夜成名,最后却没有了自我。因为流行的大众文化往往会演变成一种通俗与浅薄……

（5）接:……

（6）接:……

二、历史接语练习

（1）每次读到历史,人们总喜欢给历史人物主观地加上自己的喜好,于是历史里的人物便有了忠奸善恶。有的其实与实际有很大的出入。比如三国时的曹操,人们总认为曹操是奸诈小人,可实际上曹操在当时的霸王当中是最具有一统天下才华的人。首先他重视人才,而且唯才是举。在他的智囊团里,有大量人才是从敌对阵营里投靠过来的,而他都会不计前嫌,张绣、贾诩便是最好的例子。另外,曹操懂得在关键时刻审时度势。当所有人都不把汉天子放在眼里时,他把穷困潦倒的汉天子接到济县,华服锦衣地照料,按照汉家宫廷礼仪接待,让汉天子感动不已。所以曹操可以打出"奉天子以令不臣"的好牌,让自己在政治上捞够了资本,在军事上师出有名。而且他治军严明,成功统一了北方。他才华横溢,在工作繁忙的间隙写下了不少波澜壮阔的诗篇。我认为,这样一位文武兼备、雄才大略的军事家、政治家是值得后人赞颂的英雄,奸雄二字实有不公。

(2)接：自古忠奸就是势不两立，但是历史的规律告诉我们：只有对国家民族的大忠大义才能换回后世子孙无尽的歌颂。"大漠孤烟直，长河落日圆。"在这人迹罕至的地方走来了一个孤独瘦弱的躯体，他就是西汉时期的张骞。他在接受了汉武帝寻访西域之路的使命后，毅然冒着有去无回的种种风险，坚定地走出了长安。在途中，他多次被匈奴兵捕获，其中还有10年时间被囚禁在匈奴当马奴。然而，他从来没有忘记自己的使命，没有忘记自己的祖国。最后，历经千辛万苦回到长安，并最终找到了通往西域的道路，为后世子孙留下了满载着财富与文明的丝绸之路。

(3)接：但凡是传播文化的使者都会给蛮荒带去文明，给落后带去希望。这样的人自然会成为人们世世代代传颂的对象。而在古时候扮演这样角色的除了大使，还有一群特殊的女人，那就是肩负和亲使命的公主。唐朝的文成公主就是一位代表人物。她从繁华的长安，远嫁西藏，成为了松赞干布的妻子。她给西藏人民带去了汉族先进的农耕技术和蔬菜粮食的种子，带去了汉族的书籍与文化，带去了大量的手工匠人和艺人，让华夏文明润泽雪域高原。直到今天，她的塑像还立在布达拉宫，可见她在藏族人民心中崇高的地位。

(4)接：唐朝的文成公主以柔弱之躯、广博的胸怀包容了异族的同胞，所以才能让藏族同胞将她世代供奉。由此我们可以得出这样的结论：只有以博大的胸怀包容其他民族，才能真正赢得天下归心。比如清朝的康熙皇帝，由于满族入关后有大部分八旗子弟仍然保持着对汉族的抵触情绪，康熙皇帝就率先作出了表率，学习汉族文化，重用汉族官吏，迎娶汉族女子，并且尊重汉族的习俗。有了康熙对汉民族的肯定与包容，才有了后来的满汉一家……

(5)接：……

(6)接：……

三、国内地理接语练习

(1)站在中国的地图前，我总会被这如画的锦绣河山所征服。正是如此宽广的土地，如此多变的地形地貌才孕育出这灿烂的文化，才形成了这么多风格迥异的城市。首先来说说我们的首都北京。北京是中国政治、文化的中心。说北京是城市里的王者，它当之无愧。它在历史上就曾被封建帝王视为皇城。直到今天，中国最完整的宫廷建筑依然在北京，以金碧辉煌、不容侵犯的雄姿接受世人的仰视。如果说布局严谨的故宫体现中国皇家建筑的古典之美，那么市井里的小胡同、大宅门又体现了老北京的风俗民情。那充满了京腔京韵的小贩吆喝，那香气扑鼻的大碗茶、酸豆汁儿，伴随着大爷大妈的闲聊，活脱脱一幅形态生动的生活画卷。而这一切并不影响北京现代化的脚步:中关村的电子行业,大学城的科技融合,西单、王府井的商业繁荣……北京以独有的大气包容着贵族气与平民情,成为了历史文化与现代经济交相辉映的城市。

(2)接:北京是北方的代表城市,而南方城市又另有一番风味,比如东方夜巴黎——上海。上海在东方与西方的文化交融下形成了鲜明的"海式"风格。走在上海的黄浦江边,万国建筑群有着华丽的欧式风格,让走在其间的人恍若走在欧洲的街头。江对面就是时尚现代的浦东新区,东方明珠的璀璨与江上航船的灯火交相辉映,让你读到上海的"洋气"与现代。而这一切并不会影响上海弄堂里古老的街景。当浓荫华盖的梧桐小道,弥漫着上海小笼包的香味,精致的咖啡厅飘出老唱片的悠扬的歌声,你会发现"旧上海的味道"很纯、很地道,它并没有因为两种文化的冲击而改变它原有的风韵。这就是上海,宜中宜洋,宜古宜今。

(3)接:上海,一直走在中国的时代前沿,受西方文化深远的影响,如同加了黄油、奶酪的中西式自助餐。而当你吃腻了这豪华的盛宴,不妨品一品中国写满了青山绿水的一抹茶香——桂林。桂林自古与天堂齐名。她有着独特的山水相融景色。泛舟漓江,在那如镜的江水之上,一座座奇异的山峰从水中而起,真正不虚有"山在水中"之名。每一座山姿态各异、形象生动。有的像少女,有的像老者,有的似孔雀,有的如大象,每一处都有一种浑然天成的灵性。桂林气候温和,使得四季树木常青,如果再加上绵绵细雨的滋润,活脱脱一幅秀丽的山水画卷。走在其间真有"人在画中游"之感。这种自然的灵秀与清雅,只有在桂林才能体会。

这就是中国的山山水水,每一处都是风韵独特,让这一座座鲜活、生动的城市在人们的脑海中留下难以磨灭的印象。

四、国外地理接语练习

(1)俗话说:"条条大路通罗马。"罗马是一个让人追逐、向往的神秘之地。我怀着虔诚之心拜访它,归来时却满脸的疑惑。疑惑的是罗马的竞技场充满着血腥与屠杀,可容55 000人的竞技场曾经那么沸腾。披着紫袍、戴着花冠的贵族们用低贱的钱物,蹂躏着生命的尊严。在那个没有战争的年代,他们制造了战争;在那个没有死亡的年代,他们制造了死亡。在历史的那一页上,写满了人性的劣根。可当你来到许愿池时,你又会觉得罗马人是如此温和、善良。他们背对许愿池,右手持币往左肩方向丢入池中,然后静静地许愿,这种感觉叫作圣洁。他们的虔诚让我怀疑竞技场的存在,然而它却真的存在。即使如今竞技场已废墟一片,它依然是历史的见证,远远地观望着许愿池旁的人们,希望永远不要再走近血腥,永远远离战争。

(2)接：如果说罗马是一座让你矛盾的城市，是一座让你想起历史、想起厮杀的城市，那么请来维也纳吧。因为在这里，你只会想到一个词，那就是音乐。维也纳是座温情脉脉的城市，具有把色彩和情调、上层和下层、贵族和平民、甘美和快活，整个巧妙地掺和在一起的性格。它渲染了维也纳人生活的悠闲，无所事事的安然，鉴赏艺术珍品和谈论生活的雅兴。漫无边际地走在维也纳的街头巷尾，即使你不懂当地的语言，你仍然可以凭借自己的理解和想象，凭着音乐的沟通，欣赏艺人的表演。你会从那一座座富丽堂皇的古建筑、一尊尊栩栩如生的音乐人物雕像体会到维也纳特有的艺术内涵。这里的空气、树梢、房檐、街道都挂满了音符，都可以述说出一段音乐的故事。所以，如果你想寻觅音乐的至高境界，就来维也纳吧；如果你想体验艺术大师的维也纳情结，这里正是你要寻找的地方。

(3)接：音乐是精神的艺术，它陶冶情操，净化灵魂，是一种感觉上的美好。如果听觉的感悟再加上视觉艺术的冲击，岂不是更让人流连忘返。一起去印度看一下穿在妇女身上的艺术。已经遍及全球的牛仔T恤，却尚未占据印度的大街小巷，这个南亚国度在抵抗着这些时尚的东西。几个世纪以来，妇女们总是骄傲地身着传统服装——纱丽，她们将7米长的布匹披在身上，充满了女性魅力。在纱丽的纺织过程中，男女分工不同，纺织前的丝线需先经过加工，妇女们都安静地躲在作坊一角完成手工捻线，而男人则走到大街上，摊开整理数十米的丝线，这些线已在大染缸里浸了几个小时。有的男人还在河边展开布料，进行最后一道工序——晒干。这些美丽的纱丽会进入市中心的商店，或者出口到世界各地。

(4)接：印度的纱丽是迷人的，制造纱丽的人是勤劳的，生活在印度是幸福的。在"二战"中的夏威夷，不知有多少人都渴望这样的幸福啊！在夏威夷的纪念馆，工作人员身着白色军装向着大海敬礼，你仍然可以看到那场战争的伤痛，最后的胜利也不能治愈那伤痛。在这里，有无数的人为死去的战士流泪。历史已经过去，但留给人们更多的是思考和警示。如果看到血淋淋的历史，人们可以放弃战争的话，免费参观是值得的。只可惜，有的地方，不管它原本的风景有多美，今天仍有战争，有硝烟。

(5)……

(6)……

第九单元　语言组织与语言表达

第一部分　理论概要

　　客观事物的一切运动变化,包括社会、自然、人与动物的行为活动都在提供信息。社会发展速度越快,信息量则越大。在纷繁复杂的大量信息中,我们应当提高语言组织能力,对这些信息进行筛选,及时为人们传播各种最新信息。

　　信息,指音讯、消息、通讯系统传输和处理的对象,泛指人类社会传播的一切内容。人通过获得、识别自然界和社会的不同信息来区别不同事物,得以认识和改造世界。主持人应具有辨认、处理、整合、输出各种信息的能力。另外,主持人还要善于在旧闻中发现不确定因素和不平常的东西,敢于推翻固有的观念。事实上,那些所谓太熟悉的事物可能存在很多未知,包括我们未曾注意的变化。所以,我们要发现生活中的新事物,在熟悉的生活中发现不熟悉的内容,从人们司空见惯的表面现象,挖掘人们较少注意的、隐藏在日常生活深处的信息。

　　一个问题的不确定性,是由它供选择答案的数量决定的。答案数量越多,不确定性就越大。信息数量越多,新闻价值也越高。主持人要在不确定因素中,把握事物发展的规律,发现有价值的信息。

　　在组织内容时,首先要考虑它的价值,明确它的意义,论据要充分,论证要合理,在传播方式和方法上也要注意艺术性。在组织语言时,不仅要有引人入胜的开头,还要有条理清晰的层次和精彩的结尾。另外,安排内容要主次分明,不要出现面面俱到却面面不到的情形。在语言组织上要注意以下几点。

一、开头的方法

　　开头最重要的是切入点的选择。切入点可以选择传播对象的关注点、兴趣点或共

鸣点。如何切入,有四种方法:

(1)开门见山,揭示主题。

(2)触景生情,借题发挥。

(3)议论导入,激发思考。

(4)新闻由头,以小见大。

二、层次的把握

层次的把握要注意以下几点:

(1)适时小结,理清思路。

(2)引用资料,转折推进。

(3)提示对立,加温催化。

(4)画龙点睛,提纲挈领。

(5)巧用重复,突出重点。

重复包括强调性重复、归纳性重复、变形性重复。重复的目的在于变纷繁为简约,变铺展为浓缩,变严肃为轻松,变庄重为调侃,变书面语为口语。

三、结尾的方法

结尾可以用以下方法:

(1)首尾圆合,结尾和开头相呼应,同时结尾要有明确的结论,并提炼升华主题,也可以加上寄语、祝愿或警示、激励。

(2)补充结尾,用感人事例或材料进行补充,让结论更鲜明、生动、感人。

(3)创造意境,使话题意蕴隽永,回味无穷,诱发思考。

(4)安民告示,做进一步沟通,通报以后选题,引人参与。

四、重点突出

表达的重点要突出、鲜明。每个人面对同一事实,关注点不同,选择的表达重点也不同。不同的表达重点,也会体现主持人的独特个性。

五、线索清晰

主要事件、主要矛盾冲突、主要人物面貌要表达清楚。要搞清何事?何人?何地?何时?何因?何果?这些问题清楚了,线索就理清了。语言表达围绕主线进行,心中要有主要线索的发展方向和结果。

语言组织能力依赖于思维。语言组织好了,但语言表达能力有限,同样导致传播失败。因此,对主持人来说,语言组织能力和语言表达能力都是至关重要的,缺一不可。

第二部分　教学内容及同步练习

一、讲解绘画

讲解古斯塔夫·莫罗作品《俄狄浦斯与斯芬克斯》(见图31),奥迪龙·雷东作品《独眼巨人》(见图32),蒙克作品《呐喊》(又名《呼号》,见图33),亨利·马蒂斯作品《红色的和谐》(见图34)、《舞蹈》(见图35)。

二、练习

(1)每位同学做四种开头练习(可借助绘画、历史、国内外地理、现实问题)。
(2)每位同学做四种结尾练习(可借助绘画、历史、国内外地理、现实问题)。
(3)请多位同学做层次把握练习(可借助绘画、历史、国内外地理、现实问题)。

第三部分　教学目的与要求

培养学生的语言组织能力,要求学生语言表达清晰、准确。做到中心明确、层次分明、主线清楚、结尾圆满。

要求学生透过司空见惯的表象,看到事物的本质。

要求学生对待同一事件,产生不同见解,能多层次、多角度地认识事物,培养思维的个性化和语言表达的个性化。

引导学生自如地运用不同的思维方式(形象思维、逆向思维、发散思维归纳论证和发散思维类比论证等),注意语言表达的独特性和艺术性。

通过这一单元的训练,主要让学生掌握:什么是有价值的新闻,如何捕捉新闻,面对有价值的新闻如何组织,如何表达。

第四部分　学生作业例稿

一、介绍《劫夺留西帕斯的女儿》的四种开头

1. 开门见山，揭示主题

各位观众，大家好！欢迎收看《名画赏析》。今天，我将为大家介绍世界著名绘画大师彼得·保罗·鲁本斯的传世名画《劫夺留西帕斯的女儿》……

2. 触景生情，借题发挥

各位观众，大家好！欢迎收看《名画赏析》。昨天，我参加了一位好朋友的婚礼，看着新郎新娘充满幸福的微笑，不由得也让我对爱情产生了一种憧憬。其实，每个人都想通过自己的努力得到真正的爱情。今天，我就为大家介绍一幅表达爱情主题的名画《劫夺留西帕斯的女儿》……

3. 议论导入，激发思考

各位观众，大家好！欢迎收看《名画赏析》。每个人对爱情都有自己的看法。有人认为爱情是含蓄的、朦胧的，应该静静地等待爱情的到来，命运自有安排；而有人认为爱情应该靠自己去争取，爱要敢说敢做。那么，今天我就为大家介绍一幅表现对爱情敢说敢做的传世名画——彼得·保罗·鲁本斯的《劫夺留西帕斯的女儿》……

4. 新闻由头，以小见大

各位观众，大家好！欢迎收看《名画赏析》。最近，有这样一篇报道，我个人觉得非常有意思，是说目前我国的男女比例已经严重失调，如果把女性标准比做100人，那么男性就会有109人，也就是说至少有9个男人找不到老婆，会去打光棍儿。看来，以后的男同胞们，真应该学一下"抢婚"了。今天，就让我们一起欣赏一下彼得·保罗·鲁本斯根据抢婚这一主题所创作的传世名作《劫夺留西帕斯的女儿》……

二、介绍卢武铉的四种开头

1. 开门见山，揭示主题

观众朋友，大家好！欢迎收看《今日聚点》。前不久，韩国前总统卢武铉跳崖自杀事件引起世界轰动。那么本期节目，我们就将和大家共同了解韩国前总统卢武铉背后鲜为人知的故事……

2. 触景生情，借题发挥

观众朋友，大家好！29日，韩国为跳崖自杀的前总统举行了规模空前的遗体告别仪式。在韩国首都首尔，卢武铉的灵车队在数十万民众组成的"人海"中缓慢地前行。一个国家的领导人，一个犯了错而要以死来弥补的人，首次为韩国树立了"廉洁政府"的形象。然而这种形象又被无情毁灭，这不是卢武铉的错，也不是韩国民众的错。那么现在，就让我们一起来走进韩国，走近卢武铉……

3. 议论导入，激发思考

各位观众，大家好！欢迎收看本期节目。民主是人类社会发展的必然结果。而人类在追求民主的过程中又要付出血或生命的代价。有些人出生的使命就是为了民主，有些人死亡的含义就是在诠释民主。也许他在人类追求民主的长河中只是昙花一现，也许他在所有人的厚望下迷失了方向。然而，他却用自己的死亡告诉我们，在他之后，民主的争取仍在继续。他就是韩国前总统卢武铉……

4. 新闻由头，以小见大

各位观众，大家好！欢迎收看本期节目。最近，有这样一则新闻，说是一盗贼抢劫了银行之后外逃5年之久，终因不忍良心上的谴责而去公安部门自首，以图自己的内心得到安宁。而韩国前总统卢武铉也是内心得不到安宁，在国人厚望下迷失的他终因内心的愧疚和信仰的监督而以死赎罪。那么现在就让我们一起走近卢武铉……

三、不同题材的四种开头语

1. 开门见山，揭示主题

欢迎大家收看今天的《焦点》。在本期节目中，我们继续关注农民工春节工资的发放问题。看看新的政策出台后，他们的工资发放情况是否有所改变……

2. 触景生情，借题发挥

如果谈到人们最初对家庭的印象，很多人会在脑海中浮现这样一幅画面：小小的左手拉着爸爸的手，右手拉着妈妈的手，走在路上，充满了无限的快乐。可是，有一些家庭却只能用一个冰冷的词汇——支离破碎来形容。那么，是什么让他们有这种感觉呢？今天就让我们一起走进这些人的内心世界。了解一下他们的生活……

3. 议论导入，激发思考

如果谈到"考试"，可能不同的人会有不同的看法。有人认为，在大力推行素质教育的今天，考试早就应该取消了。也有人认为，考试不能取消，我们今天的考试已不是过去应试教育的那种考试了，而是素质教育的一种考核标准。今天，我们请来了老师、家长、学生以及教育界的人士,一起来探讨关于考试的话题……

4. 新闻由头,以小见大

各位观众,大家好!欢迎收看本期《中国企业》。最近,有一条新闻让国人十分振奋,是说海尔集团的电器产品已经成功地打开了包括美国在内的国外市场。特别是海尔集团的电冰箱,在美国市场的份额已经遥遥领先于其他国外品牌。有人笑称,每7个美国家庭里就有1台海尔冰箱。一个中国品牌为何能在国外竞争非常激烈的环境下取得如此骄人的成绩,今天我们就请来了市场分析界的有关人士,从这个问题入手来谈谈中国企业的发展……

第十单元　理性深化与语言表达

第一部分　理论概要

我们接触生活中的事物,首先是看到它们的外在形象,理性深化就是要求我们从表面的形象深入下去,产生深层次思考,并凝练出一种观念和理论,既有对该事物本质的思考,又有对实践的指导意义。

每个人的认识水平不同,面对同一事物,理性思考的结果也就不同。我们必须提高自己的认识水平、加强理性思考的能力。理性思考应注意以下几点。

一、政策观念

正确理解党的路线、方针、政策。有了对党的路线、方针、政策的正确理解,才能正确地衡量事物。尤其要有对新政策的敏感度,这样才能更好地抓住时机,让自己的理性思考更具前瞻性。

二、群众观念

要了解群众的需求,选择群众乐于接受的方式进行传播,让群众易于接受、乐于接受。

三、信息观念

要传播社会发展最前沿的信息,促进大众认知的进步,所以要善于发现新信息。

四、知识观念

要广泛吸纳知识。知识越丰富,思维空间越宽阔,评述能力越强。所以,多种知识的融会贯通,能深化自己的理性思考。

五、法制观念

法律是人们行为的最高准则,一定要知法守法。

节目主持人面对所要评述的事物,要做到我思、我想、我问、我答。有了真实的思、想、问、答,才能产生具有个性的理性认识和结论。

一档节目如果能引人入胜,说明它有精彩之处;如果能感人肺腑,说明它有生动之处;如果能发人深省,说明它有严密的逻辑和深刻的思考。

第二部分 教学内容及同步练习

一、绘画理性深化练习

教师讲解巴勃罗·毕加索作品《亚威农少女》(见图36)、《哭泣的女人》(见图37)、《格尔尼卡》(见图38),贾科莫·巴拉作品《散步·链子上的狗》(见图39),萨尔瓦多·达利作品《内战的预感》(见图40),安迪·沃霍尔作品《玛丽莲·梦露》(见图41)。学生观看绘画,进行理性思考和有逻辑的表达。

二、故事理性深化练习

将学生分成几个小组,每个小组讲一个故事,之后小组的每个成员分别说自己的理性思考。

三、文学作品理性深化练习

每个小组做一首诗的分析、一本书的介绍、一部影片的复述,然后再做分析和介绍,说明理性认识。

第三部分　教学目的与要求

（1）肯定具有个性化的独到见解，提倡逆向思维和不同角度的思维，帮助学生扩展思维空间，灵活运用不同思维方式。

（2）挖掘平凡中的闪光点，通过具有个性的理性深化，引起人们的思索。

（3）语言表达力求规范严谨。

第四部分　学生作业例稿

一、绘画理性深化练习

巴勃罗·毕加索作品《亚威农少女》的理性深化。

（1）……肉体出卖了，灵魂仍然纯净，她的内心必然是痛苦的，不应谩骂、指责她，而应同情她，谴责社会制度……

（2）……肉体肮脏，灵魂纯净，仍然是美丽的……

（3）……贫穷不应贫贱……

（4）……贫富不均的生活，能使人格扭曲、变形……

（5）……看到同类的变异，令人发指；看到变异的过程，更令人胆战心惊……

（6）……新的东西常常被人们视为怪异……

（7）……内心的自我惩罚，比外在任何形式的惩罚更深重、更痛苦……

（8）……没见过的东西不要急于去否定它，存在就有它们的价值……

（9）……当时人们觉得怪异的东西，后来却引领了整个20世纪的绘画潮流。因此，它是先驱……

（10）……探索需要勇气……

（11）……罪恶会使人内心的阴影永不散去，一生都要背负黑色的十字架，千万不要突破底线……

（12）……痛苦也会使人麻木……

（13）……看到美丽破碎的过程，会有一种钻心的疼痛。对黑暗就要揭露，对假、恶、丑就要鞭打……

二、故事理性深化练习

1. 故事梗概

一个偏僻贫穷的山村里,来了一位刚毕业的大学生。他在这里做小学教师,从此这里有了琅琅的读书声,村民们对大学生赞不绝口。一天,一位年轻美丽的小寡妇不慎失足落入河中。大学生看到后,立即跳入河里,将小寡妇拖到岸边。当他嘴对嘴为小寡妇做人工呼吸时,村民们大惊失色,他们认为这是伤风败俗。于是,村民们议论纷纷,并躲藏起来,时刻窥视着救人的大学生和被救的小寡妇。当小寡妇为了感谢救命恩人,给大学生送些食物时,更是掀起了轩然大波。

第二年,年轻美丽的小寡妇不慎又掉进河里,但这次大学生知道后,再没有去救她。

村民们在下游的沙滩上看到了小寡妇的尸体,草草地把她埋在了山坡上。当大学生远远地看到那新坟上飘起的白幡时,内心的自责使他再也承受不住了。于是,他离开了山村。

山村又如过去一样死寂。

2. 理性深化

(1)……贫穷是罪恶之源……

(2)……人言可畏……

(3)……仅靠一个人的力量,来改变一个庞大群体的固有观念,几乎是不可能的……

(4)……愚昧落后往往也是残忍的……

(5)……要想实现自己的愿望,必须做好承受一切的准备……

(6)……做逃兵是不光彩的……

(7)……要学会坚持,学会忍耐……

(8)……恒心和毅力说来容易,真正做到却很难,关键是行动……

(9)……要学会吸取教训。仅有美丽而无智慧,所以连自己的性命都保不住……

(10)……一个地区观念更新,需要一种巨大的冲击力……

(11)……改变贫困落后,应该是传播先行,然后是具体行动……

(12)……几千年遗留下来的陈旧观念,要想改变,并非一朝一夕,有时需要几代人的努力……

三、城市理性深化练习

1. 巴黎

（1）……不是因为浪漫而让这里的人学会了怎么去表达爱,而是这里的人表达爱的方式使这里充满了浪漫……

（2）……在这里,国王和乞丐享有的浪漫的权利是一样的……

（3）……杯中弥漫的温情,飘散在空气中……

（4）……浪漫的发祥地,爱情的培育场……

（5）……百年智慧,酿造杯中芬芳……

（6）……浪漫给予平凡的生活,平凡的生活中展现迷人的浪漫……

（7）……品味生活,品味气息,品味人生……

（8）……让生活成为一种享受,让生活成为一种追求……

（9）……杯中只有醉人的艺术,杯中只有陶醉的芬芳……

2. 维也纳

（1）……欧洲古典音乐的摇篮,一座用音乐装点起来的城市……

（2）……维也纳的海风,永不失约……

（3）……如果说奥地利是"欧洲的心脏",那么维也纳则是"心脏的心脏"

第十一单元　社会问题评述

第一部分　理论概要

本单元拟以新闻栏目、社教栏目、人生栏目、服务栏目这四类栏目为载体,评述当前社会热点现象及问题。

一、新闻栏目

新闻是新近发生的事实的报道,要用事实说话。新闻栏目中的事实一定要真实准确,并要判断好新闻的价值,用事实体现其价值。还应该有严密的逻辑推理,以理服人。要注意新闻的深刻性和思辨性。语言表达准确清晰,态度客观公正。

二、社教栏目

社教栏目涉及政策、法律、科技、经济、文化等各领域的理论知识,承担着社会知识、自然知识的传播和教育的功能。主持人要了解各领域的最新信息和国内外各方面发展的新动向,熟悉自己所传播的知识,语言清晰,概念清楚,表达深入浅出。

三、人生栏目

人生栏目主要沟通人与人之间的关系,使人与人之间相处更融洽,让人乐观地面对生活,妥善解决生活中方方面面的问题。

人生栏目的选题要有典型性和针对性。主持人要明确服务对象在思想上、心理上出现了什么问题,要与服务对象做思想上、情感上的交流、沟通。主持人要像朋友一样同服务对象进行交谈、讨论,语言平和、亲切、真诚。

四、服务栏目

服务栏目传播的内容要有实用性，主持人语言亲切自然、周到诚恳、体贴入微。

第二部分　教学内容及同步练习

教师讲授新闻栏目、社教栏目、人生栏目、服务栏目的特点和要求，学生根据以前所学的知识和方法，对社会问题进行评述。

可选取以下题目进行评述：

(1) 廉政

(2) 慈善

(3) 武警或人民警察

(4) 西部开发

(5) 对某一经济现象或经济问题的透视

(6) 教育

(7) 科技

(8) 城市建设与市容市貌

(9) 农业、农村和农民

(10) 就业

(11) 消费

(12) 旅游

(13) 父母子女

(14) 创造空间

(15) 安全感

(16) 过年

(17) 企业创新与发展

(18) 环境保护

第三部分　教学目的与要求

(1) 每个题目做四种不同类型的栏目。

(2) 把握不同栏目的要求和特点，用不同方式表达内容。

（3）在不同类型的栏目中，题材要用得巧妙。

（4）尽量使用不同的思维方式表达内容，避免单调。

（5）要求学生作业既有形象性、逻辑性，又有深刻性。

第四部分　学生作业例稿

一、武警或人民警察

1. 新闻栏目

2004年4月17日，举行遗体告别仪式那天，登封十里长街挽幛如云，人如潮涌，气氛悲壮，哀声一片。送灵的车队缓缓前行，人们默默无语，许多人眼含热泪，紧随着灵车，送过一程又一程。登封十几万群众以最为庄严、最为隆重的方式，送别自己心目中的英雄。

任长霞高中一毕业，就报考警校，可她1.57米的个头，达不到警校女生1.60米的最低标准线。她穿上高跟鞋，再穿上能盖住鞋跟的长筒裤，昂首挺胸地去体检。就这样，她走进了军校，开始了她警察的生涯。

直到她最后永远离开我们的那一天，任局长依然在忙着工作。在她几十年的警察工作中，破获的大大小小的案件有上千起。其中，重大刑事案件400余件。她把自己的青春年华都奉献给了这个职业，把生命也奉献给了这个职业。这就是我们登封市公安局的好局长——任长霞。

今天的《新闻纵横》就到这儿了，稍后请继续关注本台的《服务你我他》。

2. 社教栏目

观众朋友，大家好！欢迎收看《走向成功》。这段时间，相信大家对"任长霞"这个名字并不陌生了。对，她就是人民警察的典范。任长霞为我们树立了优秀公安局长的形象。很多有志青年想要报考警校，可是，如何才能成为一名合格的警察呢？人民警察又应该具备哪些方面的素质呢？今天我们一起来探讨一下。

第一，必须是合法的中国国籍的公民；

第二，要有优良的身体素质；

第三，要具备较高的职业道德素质；

第四，要具有高度的责任感和奉献精神；

第五，作为人民的守护者，应当以民为本，以人民的安危为重。

报考警察的条件并不是遥不可及的，但要成为感动社会、感动人心的警察是不容易的。我们期待怀揣警察梦想的朋友能够心想事成,守护好我们这个美丽和谐的家园。

好了,感谢收看这期节目。我们下期再会!

3. 人生栏目

观众朋友,大家好!欢迎收看《漫步人生》。

有人说长霞不是称职的好妻子,有人说长霞不是称职的好妈妈。但也有人说,长霞啊,是咱们老百姓的好媳妇、好女儿,更是咱们登封市的好公仆、好警察。

走进任局长的家,简单的陈设一目了然。在她卧室的床头柜上还摆着一些案件的记录资料。长霞很少有空回家,就算回家,也是放不下工作,常常是人在哪儿,工作资料就带到哪儿。儿子常常抱怨自己的妈妈没时间参加家长会,更没有时间帮他辅导功课……但是他理解妈妈,在他心里,妈妈是一位伟大的母亲,他一直引以为傲。

是啊,任长霞不仅仅是儿子的骄傲,更是社会的骄傲,中国的骄傲。她带给我们的不仅是安定,更是一种精神的感动与震撼。

好了,今天的节目就到这儿了,感谢您的收看,再会!

4. 服务栏目

观众朋友,大家好!欢迎收看《服务你我他》。在这个依然悲伤的五月,我们给您介绍一本书,一本关于我们人民的好警察——任长霞的书。

这是第一部由群众自发编撰的悼念任长霞的诗文集——《登封百姓写长霞》,目前由大众文艺出版社出版,5日开始在河南省登封、郑州等地与读者见面。为了歌颂人民的好公仆、人民的好女儿任长霞,成都、北京、天津、上海等地将会举行"长霞精神"诗歌朗诵和大型群众演唱会。下周一上午10点在成都西南书城举办售书会。另外,诗歌朗诵和演唱会定于周二晚8点,在四川电视台一号演播大厅举行。有意参与的观众可拨打我们的订票热线,让我们一起来缅怀英雄——任长霞。

二、新闻栏目《警察》

6月4日13点10分左右,沈阳市新乐花园小区3号楼4单元宋玉兰和亲家带着5岁的外孙出去买菜。刚出楼口,一辆警车溅起的泥水弄了孩子一身。当两位老人质问警车上的人时,一名叫史涛的警察竟说:"我是流氓。"尔后,史警察对两位老人出口秽言,不堪入耳。

史警察的一句"我是流氓"让人震惊!

流氓是什么?不讲道理,不讲公德,是社会秩序的破坏者,是老百姓所不齿的群体,更是警察执法的对象。应该说,"流氓"这个词与警察两个字根本就靠不上边。作为人民群众保护神的警察,史涛本人应处处替人民群众的安全着想,为人民服务,在与群众发生矛盾时,理应当好社会秩序的维护者。将他那句"我是流氓"仅仅归结为一时之气恐难以服人。因为在与两位老人发生口角后,在说完这句话后,他还继续对老人恶语相向,言行之中丝毫看不到人民警察应有的品德。

警察自称"流氓",笔者是这样理解的,史警察的这种方式与其说是告知,不如说是威吓两位老人:别惹我,惹了我有你们好看的,到时让你们吃不了兜着走。

凭我的阅历来看,老百姓是不怕真正的流氓的。因为一旦遇到真正的流氓,老百姓往往有两条途径:第一条途径是依靠人民群众的力量,就像我们常常看到的那些见义勇为的报道一样,大家团结起来;第二条途径也是最为重要的途径,那就是报警。几乎每一位老百姓都知道"有困难找警察",有麻烦打"110"。但是,当面对的是自称"流氓"的警察时,老百姓的心里只会是一片茫然,因为你根本不可能指望"流氓"来维护社会秩序,来保护你的安全。这种警察只会用自己手中的特权,为他们的胡作非为寻找保护伞。

从山西警察打死北京警察案,到这起"我是流氓"的自我宣示事件,我们不难看出,特权思想在一些地方,特别是在一些警察的身上若隐若现。警察身上的这种特权思想不除,这种以"流氓"自居的警察一天不清除出队伍,人民群众的安全就无法得到有效保障,就会有更多的警察败类不以"流氓"为耻,反以为荣,胡作非为。要知道,他们破坏的不仅仅是一个执法队伍的形象,更是一个法治社会的公共秩序。

三、社教栏目《善于挖掘农村文化资源》

观众朋友,大家好!欢迎收看本期《农户人家》。在老百姓中流传着这样一句话:"金窝,银窝,不如咱自家的草窝。"但是草窝中也有宝藏,也有闪光点,那么在今天的节目当中,我就向大家介绍一下农村致富的一条全新道路——善于挖掘农村文化资源,积极进行农村文化建设。

那么何为农村文化资源?如何进行农村文化建设呢?

文化建设同经济建设一样,需要资源。文化建设所依赖的资源可以反复使用,并且文化建设可以依赖自有资源,也可以借鉴外来资源。农村很多地方拥有特色的文化资源,例如,历史文化、名人文化、民风民俗文化等。

如何进行农村文化建设呢?要从以下三方面入手:第一,加强对农村文化资源的保护工作,农村文化资源丰富,但哪些是资源,老百姓缺少辨别能力,如有人把古人牌匾做家具,用文物砌墙,因此,国家以及相关部门要提高老百姓对文物的保护意识;第二,要广泛深入地开展关于文化资源保护方面的法律法规的宣传教育;第三,要推进文化资源的产业化发展,对文化资源进行一定形式的改造,使之成为文化产品。

农村文化资源建设的成功案例有:湛江市雷州村修建小型农村历史博物馆,吸引外来游客;吴川镇推出特色文化村一日游,把文化和经济紧密结合。

听了以上介绍,您是否对农村文化资源建设有了一定了解呢?农村文化资源建设不仅使农村致富另辟蹊径,还可以把农村文化推向全国,甚至推向世界。

今天的节目到这里就结束了,谢谢收看,下期再见!

四、社教栏目《网络道德的基本内容》

随着信息技术的发展,人类社会正在经历一场意义深远的革命,网络化是这次革命的显著特征。

由于网络是一个新生事物,其法律和道德环境都还没有成型,每个人都是根据自己的理解来规范自身。在这种情况下,加强人们的网络道德教育就显得非常重要。那么今天的节目就给您介绍一下网络道德的基本内容。

网络道德的基本内容应该包括:爱国为民、自觉守法和文明诚信。

首先,爱国为民是指不在网络上发布损害集体、国家和民族的言论,不做任何危害集体、国家和民族的事情,坚决同一切煽动分裂国家、破坏国家统一和民族团结、破坏和颠覆社会主义制度的敌对势力做斗争。

其次,自觉守法是公民必须履行的义务,也是网络道德最基本的要求。我们要遵守计算机网络管理方面的有关规定,不对网络系统功能或储存、处理、传输的数据和应用程序进行删除、修改等破坏;不利用网络从事危害国家安全、泄露国家秘密等违法犯罪活动;不擅自进入未经许可的计算机系统,篡改他人信息;不制造、传播计算机病毒及从事其他侵犯网络和他人合法权益的活动;同时能正确运用法律手段保护自己的合法权益不受侵犯。

最后,文明诚信是指提倡网络实名制,反对虚伪欺诈,不在网络上捏造或者歪曲事实,故意散布谣言,扰乱社会秩序;不在网络上宣传封建迷信、庸俗、淫秽、色情、暴力、凶杀、恐怖等有害信息;不在网络上查阅、复制和传播有碍社会治安和伤风败俗的不良信息;不得用侮辱性的语言、文字、图像等对他人进行讽刺、谩骂甚至人身攻击或者捏造事实诽谤他人;不在网络上编造和传播黄色笑话、政治笑话等庸俗信息。每一个网民都要坚决反对种种不文明、不诚信的行为,对自己的所作所为负责。

以上给您介绍的就是网络道德的基本内容,如果您在上网时自觉遵守了这些规定,相信您一定会有一个绿色而精彩的网络空间。好了,本期节目到这里就结束了,我们下期节目再见!

主持人思维训练课感言

翁如教授这本书是从二十多年前开始筹划的，那时，许多人惊讶，四川师大影视学院在播音与主持艺术专业竟开设思维课。

谢谢翁如教授的智慧和勇敢。

纵然百家之说有不同争鸣之意见，但经历了二十多年教学，培养了一批又一批电台、电视台主持人。《主持人思维训练教程》毕竟也对高等教育产生了影响，这是值得关注和欣慰的。

——罗共和　黄元文

罗共和
四川电影电视学院院长

黄元文
四川电影电视学院副院长

杨乐乐
湖南卫视节目主持人
四川师范大学电影电视学院
1999届毕业生

听说《主持人思维训练教程》即将出版,我非常高兴。当初跟翁如老师上思维课时的情形还历历在目。很多同学在刚开始的时候并不能组织出精彩的口语表达作品,老师布置的作业也让大家觉得很难。但那时翁老师训练我们的方法让我们感到新奇和刺激。渐渐地,同学们都胆大了,自信了,上课时也争先恐后……通过思维课上的锻炼,同学们得到了很大的进步。

进入湖南卫视以后,思维课上学到的那些思维方法更让我觉得受益匪浅。主持人是一种具有挑战性的职业,思维课是一门让你能够接受挑战的课程。感谢翁如老师在实践中研究出这门课,也希望通过思维课教学为社会培养出更多优秀的主持人!

——杨乐乐

谢 娜
湖南卫视节目主持人
四川师范大学电影电视学院
1999届毕业生

优秀的主持人,必须要有活跃的思维、灵活的应变能力和准确的语言表达。无论面对哪种节目,这都是必不可少的。回想当初,在思维课上我的口语表达能力得到了很大的提高。不仅如此,大量知识的补充增加了我的积累,思维方法的训练提高了我的创新能力。敏捷的思维能力蕴含着大量的潜能,总能带来与众不同的灵感和思路。

非常感谢川师大影视学院设置了思维课,感谢翁如老师的教诲,感谢母校对我的培养。相信这本教材的面世一定会受到大家的欢迎,满足播音与主持艺术专业老师和同学们的需求。

——谢 娜

活跃的思维和敏捷的反应是主持人的必备素质,自如的舞台掌控源于灵活的思维。对将来从事播音主持工作的学弟、学妹们进行思维训练是非常必要的。

——廖三怡

廖三怡
成都电视台节目主持人
四川师范大学电影电视学院
2001届毕业生

思维是什么?我想不用多说大家都知道。可是什么是主持人思维?主持人思维与主持人语言表达之间有什么关系?这就是思维课的奥秘。这门课程,我个人认为既是理论课也是实践课。马克思认为,语言是思维本身的要素,思想的生命表现的要素,语言是思想的直接实现。思维和语言是相互依存、相互促进的。语言是现实的思维,是思维的物质外壳;语言的外壳又总是包含着思维的内容。思维的发展推动语言的发展,语言的发展又促进思维的发展。一般来说,语言的发展水平标志着思维的发展水平。作为一名主持人,对一件事、一个人、一个物体有了感悟之后,不能像普通观众一样只停留在"想法"上,"心动还要行动",要把多角度的思维变成生动的、富有感染力的、能引起观众共鸣的语言进行传播,这是主持人的职责。因此,思维课是播音与主持艺术专业学生的必修课。

——郭 津

郭 津
四川电视台节目主持人
四川师范大学电影电视学院
2003届毕业生

主持人的核心竞争力在于思维和语言。

思维是内容,语言是形式。

思维是基础,语言是创造。

思维就是"想得到",语言就是"说得好"。

二者血脉相连,共同支撑起一个主持人的形象。这种形象比外在的长相、扮相更深入人心,是主持人的标识所在。

在我看来,好的思维要包含四大要素:

一是角度。贵在个性而易认同,新颖而不

郑　毅
陕西卫视总监
四川师范大学电影电视学院
2004届毕业生

古怪。

二是深度。既要了解现象，又要透析本质。

三是清晰度。先要自己"想得明白"，再要别人"听得明白"。把抽象转化为形象，把杂多转化为纯一，把概念转化为生活。

四是灵敏度。反应要快，迅速分析、迅速判断、迅速整理、迅速表达。

这些都是可以训练的。

训练的方法和步骤就是在这部书中。

作者翁如老师是我的恩师。她是一个有贵族气质的人，高雅、细致、一丝不苟，又是一个有草根儿情怀的人，平和、亲切、待人以诚。上大学时，我在她的指导下训练思维，她的科学方法，包括她的人生修养对我影响很大。今天，看到恩师的这部书，看到我们昔日的训练经过实践的检验后落实在文字上，将惠及更多追求主持梦想的朋友，我不胜欣喜。

祝所有使用这部书的朋友稳扎稳打、学有所成。

祝翁老师夫妇幸福平安、健康长寿。

——郑　毅

图书在版编目(CIP)数据

主持人思维训练教程／翁如编著. --2版. --北京：中国传媒大学出版社, 2018.4 (2023.6重印)
(播音与主持艺术专业"十三五"规划教材　21世纪播音与主持艺术专业训练教材)
ISBN 978-7-5657-2132-8

Ⅰ.①主…　Ⅱ.①翁…　Ⅲ.①主持人—语言艺术—高等学校—教材　Ⅳ.①G222.2

中国版本图书馆CIP数据核字（2017）第201903号

主持人思维训练教程（第2版）
ZHUCHIREN SIWEI XUNLIAN JIAOCHENG（DI-ER BAN）

编　　著	翁　如
策划编辑	赵　欣
责任编辑	赵　欣
封面设计	拓美设计
责任印制	李志鹏
出版发行	中国传媒大学出版社
社　　址	北京市朝阳区定福庄东街1号　　邮　编　100024
电　　话	86-10-65450528　65450532　　传　真　65779405
网　　址	http://cucp.cuc.edu.cn
经　　销	全国新华书店
印　　刷	艺堂印刷（天津）有限公司
开　　本	787mm×1092mm　1/16
印　　张	黑白11.25　彩插1
字　　数	251千字
版　　次	2018年4月第2版
印　　次	2023年6月第7次印刷
书　　号	ISBN 978-7-5657-2132-8/G·2132　　定　价　39.00元

本社法律顾问：北京嘉润律师事务所　　郭建平